LEÇON DE DÉMOCRATIE
ET DE DÉONTOLOGIE
AU « TEMPLE DE LA DISCIPLINE »

Dramane DIARRA

LEÇON DE DÉMOCRATIE ET DE DÉONTOLOGIE AU « TEMPLE DE LA DISCIPLINE »

L'Harmattan
Mali

Harmattan Mali / Tropique Editions
ACI2000 Bamako - Immeuble Jean-Marie CISSE
Bureau 10 - Tél. : +223 76 43 00 66 /+223 66 89 33 72
www.harmattanmali.com
Couverture et mise en page : Coco Joyce

L'Harmattan 2023
5-7, rue de l'École-Polytechnique ; 75005 Paris
http://www.librairieharmattan.com

ISBN : 978-2-336-42799-7
EAN : 9782336427997

INTRODUCTION

Dramane DIARRA est un magistrat Malien, au parcours atypique ; qui exerce depuis vingt-deux ans. Suite à des querelles de leadership syndical en 2017, et après un second mandat bien rempli, il quitte le plus grand syndicat de magistrats pour fonder un troisième syndicat en décembre 2018 dénommé « Référence Syndicale des Magistrats » avec le président sortant de son ancien syndicat, en plus de la seule association professionnelle de magistrats : Association Malienne des Procureurs et poursuivants (AMPP) affiliée à l'Association Internationale des Procureurs et poursuivants (AIPP) qu'ils créèrent déjà en 2014. Cette initiative est particulièrement mal appréciée par celui qu'ils ont promu et qui a pris la tête de leur ancien syndicat. Ce dernier sera propulsé ministre de la justice en juin 2021 d'un gouvernement de transition issu du coup d'État du 18 août 2020 perpétré par cinq colonels au Mali. A six mois de la fin de la première phase de la transition de dix-huit mois, le défunt homme politique Soumeylou Boubeye MAIGA annonça publiquement son souhait de voir l'échéance du retour à l'ordre constitutionnel respectée. A la même occasion il parla d'une procédure judiciaire à plusieurs variantes le concernant, pour dire que le dossier était éteint. Dès le lendemain, le procureur général fera une apparition tardive (en flash spécial) sur les antennes de la télévision nationale pour affirmer que le dossier du sieur Maïga existait bien et qu'en référence de la jurisprudence, la Cour suprême s'en est saisi, pendant que de tel dossier était du ressort et de la compétence de la haute cour de justice en ce qui concerne les membres du gouvernement. Ce détournement de procédure par la violation grave des règles de procédure s'assimilant à de la forfaiture par des magistrats (fonctionnaires) sera dénoncé par Cheick Mohamed Chérif KONE, président de l'Association professionnelle et du syndicat sus mentionnés et, alors, premier avocat général près la Cour Suprême. Mieux il portera plainte contre le président et le procureur de la Cour suprême devant le procureur compétent. Il sera illégalement révoqué de la cour suprême avant d'être traduit en conseil de discipline pour une violation supposée de son devoir de réserve. Depuis, les violations de lois devinrent récurrentes, y compris à l'égard de Dramane DIARRA sociétaire des structures dirigées par Cheick Mohamed Chérif KONE. Désormais, les deux magistrats sont pris en chasse à travers des procédures imaginaires devant l'inspection des services judiciaires et certaines juridictions avec l'initiative illégale du président de la transition consistant en un projet de nouvelle constitution que les deux magistrats dénoncèrent dans un vaste regroupement de structures politiques et de la société civile ; appelée « Appel du 20 février 2023 pour sauver le Mali ».

Devant l'évidence de l'échec des procédures pénales d'opposition à l'autorité légitime, les procédures disciplinaires engagées contre eux par leur adversaire de ministre de la justice, en avril 2023, ont abouti le 29 août 2023 à la radiation de Cheick Mohamed Chérif KONE, malgré une forêt d'irrégularités soulevées. Pour ce qui concerne Dramane DIARRA, son audience est programmée pour le mardi 19 septembre 2023 à l'occasion de laquelle il présenta des conclusions sur les exceptions préalables et préjudicielles (exceptions d'incompétence, de nullités, récusations, exceptions préjudicielles de contrôle de constitutionnalité), en première partie, et des explications ou moyens de défense au fond (droits humains, démocratie, obligations déontologiques, insuffisances du cadre normatif de la discipline et incompétence de ses acteurs, violations de la constitution et des lois de la République…) en deuxième partie du présent livre. Ces deux parties du livre consacrent une véritable leçon de droits humains, de démocratie, de déontologie, aux magistrats du conseil supérieur de la magistrature, censés être dans un temple de discipline. Ces éléments de forme et de fond mettent définitivement à nue les graves violations de la Constitution et des lois par les autorités de la Transition, le ministre de la justice, les premiers responsables de la Cour suprême, l'instrumentalisation de la justice, l'arbitraire et le déni de justice, le manque avéré de diligence et autres dysfonctionnements de l'administration de la justice et du fonctionnement des Tribunaux.

En plus des magistrats et autres professionnels du droit, les nombreux étudiants en droit pourraient être intéressés par cette œuvre, qui est en élaboration en même temps que les faits.

PREMIÈRE PARTIE :

CONCLUSIONS SUR LES EXCEPTIONS PRÉALABLES ET PRÉJUDICIELLES

Les règles de procédures, surtout s'agissant des règles de procédure en matière pénale ou disciplinaire sont d'ordre public. La poursuite disciplinaire concernant Dramane DIARRA, Magistrat du premier grade, en service à la Direction Nationale des Affaires Judiciaires et du Sceau (DNAJS) est entièrement couverte d'illégalités et d'irrégularités tant des actes que de leurs auteurs. au mépris de la Constitution de la République du Mali, de la loi N°02-054/ DU 16 décembre 2002 portant statut de la magistrature et de la loi organique N°03-033/ Du 07 octobre 2003 fixant l'organisation, la composition, les attributions et le fonctionnement du Conseil Supérieur de la Magistrature. D'où la défense soulève des exceptions avant tout débat au fond, en deux ordres : Les exceptions préalables (I) et les exceptions ou questions préjudicielles (II).

I- LES EXCEPTIONS PRÉALABLES :

Ces exceptions de procédure portent, d'une part, sur l'incompétence des intervenants : le Président de la transition, le Procureur général près la Cour Suprême président de la formation disciplinaire mise en place, le rapporteur désigné. D'autre part, elles portent sur la nullité des actes posés ou pris par ces auteurs incompétents et en violation flagrante de la Constitution et des lois, ci-dessus évoquées, gouvernant la matière. D'une autre part, les préalables porteront sur les récusations, conformément aux dispositions des articles 15 et 16 du code de déontologie annexé au statut de la magistrature.

1- L'incompétence des intervenants dans la présente « procédure » :

a- L'incompétence du président de la transition à intervenir dans le Conseil Supérieur de la Magistrature :

Aucun texte, aucune décision en République du Mali ne donne la qualité de président de la République au président de la Transition, désigné chef de l'état par la charte de la transition. Le président de la république est chef de l'État, mais le chef de l'État n'est pas automatiquement président de la République, tributaire du suffrage universel direct. En effet, le Président de la République est défini par l'article 45 de la constitution promulguée le 22 juillet 2023 et l'article 30 de la Constitution du 25 février 1992 sous l'empire de laquelle la procédure a débuté, qui disposent que : «Le président de la République est élu pour cinq ans au suffrage universel direct. Il n'est rééligible qu'une seule fois ».

L'article 134 de la Constitution en vigueur dispose que : « Le président de la République est garant de l'indépendance du pouvoir judiciaire. Il est assisté par le Conseil Supérieur de la magistrature. » (Article 82 de la constitution de 1992).

L'article 138 de la Constitution en vigueur précise que : « Une loi organique fixe les attributions, la composition, l'organisation et les règles de fonctionnement du Conseil supérieur de la magistrature ». (Article 82 in finé de la Constitution de 1992). Nous sommes dans l'attente de cette loi organique annoncée, qui diffère de celle existante même en dénomination.

Cependant, la loi organique N°03-033/ DU 07 octobre 2003 dérivée de la Constitution de 1992, qui a gouverné l'enquête me concernant, sans pouvoir opérer aujourd'hui avec l'avènement de la nouvelle constitution, est encore plus précise en son article 1: « Le Conseil Supérieur de la

Magistrature est présidé par le président de la République sauf lorsqu'il siège en formation disciplinaire. Le ministre chargé de la justice en est le vice-président. Il peut suppléer à ce titre le Président de la République ». *A cet égard, le président de la transition est incompétent pour agir dans le cadre du Conseil supérieur de la Magistrature.*

b- Le Procureur général près la Cour suprême est incompétent pour présider une formation disciplinaire ou prendre des décisions concernant un magistrat qui n'est pas du parquet :

Les dispositions de l'article 76 de la loi N°02-054/ Du 16 décembre 2002 portant statut de la magistrature ainsi que celles de l'article 14 de la loi organique N°03-033/ DU 07 octobre 2003 fixant l'organisation, la composition, les attributions et le fonctionnement du Conseil Supérieur de la Magistrature sont sans appel à ce propos.

Article 76 de la loi portant statut de la magistrature : «Le président de la Cour Suprême ou le procureur général près ladite Cour, désigne un rapporteur parmi les membres du Conseil selon que le magistrat poursuivi soit du siège ou du parquet. »

Article 14 de la loi organique : « Le Président de la République et le Ministre de la justice ne siègent pas au conseil supérieur de la Magistrature dans sa composition disciplinaire.

Le conseil Supérieur de la Magistrature siégeant en matière de discipline des magistrats du siège est présidé par le le président de la cour Suprême.

Le conseil Supérieur de la Magistrature siégeant en matière de discipline des magistrats du parquet est présidé par le Procureur Général près la Cour Suprême. »

Le procureur général près la Cour suprême, en s'improvisant président d'une formation disciplinaire concernant un magistrat qui n'est pas du parquet, comme dans mon cas, est dans le déni et l'abus de droit. Il n'y est pas autorisé et est donc incompétent. Si c'est suivant un ordre, c'est un ordre illégal que nul ne doit obéir. Ainsi tous ses actes pris ou posés dans le cadre de la présente « procédure » sont nuls et de nullité absolue.

c- Le rapporteur désigné est un administrateur civil et non un magistrat de premier grade ou de grade exceptionnel :

Cette question est réglée par l'article 77 de la loi portant statut de la magistrature : « Pendant l'enquête, le rapporteur entend ou fait entendre le magistrat incriminé par un magistrat d'un rang au moins égal à celui de ce dernier, et au besoin, le plaignant et les témoins. Il accomplit tous actes d'investigations utiles.»

Au regard de ces dispositions, les seules régissant l'enquête disciplinaire, en tant que Magistrat du premier grade, je ne peux être entendu que par un magistrat de 1er grade, 2ème groupe, 3ème échelon, au moins, ou de grade exceptionnel. Or, en violation de ces dispositions prescrites par la procédure, c'est un administrateur civil, frappé d'incompétence, et dont l'acte de désignation est irrégulier, qui m'a entendu.

Par conséquent, le rapport par lui établi est nul et de nul effet ainsi que la procédure ultérieure qui repose sur ce rapport.

2- La nullité des actes posés ou pris par des autorités non habilitées et en violation des lois régissant la matière :

Au regard du développement ci-dessus, les actes ci-dessous sont nuls et de nul effet :

- la demande du président de la transition qui n'est ni président de la République, ni président du Conseil supérieur de la Magistrature, d'engager la procédure

disciplinaire contre Dramane DIARRA, magistrat de premier grade, en date du 27 avril 2023 ;
- la décision N°002/PG-CSM en date du 10 mai 2023 du Procureur général de la Cour suprême portant ouverture d'une procédure disciplinaire contre Dramane DIARRA, Magistrat du 1er Grade, contraire au statut de la magistrature qu'elle vise en premier lieu, de même que la loi organique sur les CSM ;
la décision N°004/PG-CSM du 12 mai 2023 du procureur général près la cour suprême portant désignation d'un rapporteur en violation des articles 76 et 77 du statut de la magistrature qu'elle vise ;
- le rapport d'enquête administrative dressé et signé par monsieur Ousmane Christian DIARRA, Administrateur civil, N°Mlle 934-47N, Hors grade, 1er échelon, Directeur national de la Fonction publique, en date du 10 août 2023, en violation de l'article 77 de la loi portant statut de la magistrature.
Ainsi tous ces actes frappés de nullité doivent être retirés du dossier et la procédure ultérieure annulée.

3- Les récusations conformément aux dispositions de la constitution et du statut de la magistrature (code de déontologie) :

Ces récusations concernent en premier lieu les membres élus du Conseil Supérieur de la Magistrature, désormais anticonstitutionnel, et deux membres de droit du même Conseil.

a- Les membres élus du Conseil Supérieur de la Magistrature sous l'empire de la Constitution de 1992 :

- La Référence Syndicale des Magistrats exerça un recours en annulation pour excès de pourvoir, le 09 janvier 2023 (accusé de réception) devant la Section administrative de la Cour suprême, reposant sur les moyens tirés de la violation de la loi pour défaut de base légale et du détournement de pouvoir contre le décret n°0807/PT-RM du 30 décembre 2022 fixant la liste des membres du Conseil Supérieur de la Magistrature pris par le président de la Transition, chef de l'Etat, en sa fausse qualité de président du Conseil supérieur de la Magistrature alors qu'il n'est pas président de la République. Cette procédure est toujours pendante devant la section administrative de la cour suprême. Le décret concernant l'ensemble des membres du Conseil Supérieur de la Magistrature, un contentieux s'y rapportant implique irréfutablement lesdits membres.

  Par conséquent, une procédure disciplinaire, quoique illégale et arbitraire, me concernant en tant que membre de la Référence Syndicale des Magistrats, doit voir la récusation des membres du Conseil Supérieur de la Magistrature.

- **Le vendredi 7 avril 2023** le Président de la transition a reçu les membres du CSM, élus conformément à la constitution de 1992 et à la loi organique du 07 octobre 2003 portant sur le Conseil Supérieur de la Magistrature, désormais anti constitutionnelle depuis le 22 juillet 2023.

Dans un élément du reportage télévisé diffusé dans le journal du soir le même jour par l'ORTM, le porte-parole des membres élus Aboubacar GUISSE, Magistrat, a expressément (transcription littérale de son intervention) dit : « Nous avons été élus membres du Conseil Supérieur de la Magistrature. Parmi nos préoccupations nous avons parlé des problèmes de discipline. Nous avons parlé des problèmes de formation, de règlement intérieur, de la nécessité de mutations. Les mutations urgent. Il y'a beaucoup de postes d'intérimaires. Sans entrer dans les détails, les mutations sont actuellement nécessaires. Nous avons également évoqué un aspect qui concerne la magistrature dans le projet de constitution qui est l'ouverture du Conseil supérieur pour moitié à d'autres personnes autres que magistrats. Nous soutenons le projet de constitution. La magistrature soutient le projet de constitution, mais la critique est pédagogique. Le président de la Transition nous a rassurés de son accompagnement, de son soutien à l'endroit de la magistrature. Il nous a rassurés qu'au Mali, il y a deux problèmes majeurs, deux aspects essentiels : le système et l'homme. Le système est déjà balisé, mis en place pour la bonne conduite du bateau Mali à bon port. Il y'a des hommes, mais il y'a des problèmes au niveau de certains hommes. Il a rassuré que ce sera l'homme qu'il faut à la place qu'il faut. Mais il a surtout insisté sur le fait que celui qui déviera il n'hésitera pas donc à : « s'attaquer à cet homme ».

En déclarant publiquement et ouvertement qu'ils soutiennent le projet de constitution auquel nous, nous sommes opposés, les membres élus du Conseil Supérieur de la Magistrature sont nos adversaires sur ce sujet. Or c'est à propos de ce projet que nous avons été poursuivis devant le Conseil Supérieur de la Magistrature. Mieux, il y'a une contrevérité dite par le porte-parole des membres élus quand il affirme que « la magistrature soutient le projet de constitution ». En plus de nous de la Référence Syndicale des Magistrats et de l'Association Malienne des Procureurs et Poursuivants, il y'a bien le Syndicat Libre de la Magistrature qui a contesté des aspects de ce projet, notamment l'ouverture du Conseil Supérieur pour moitié à d'autres personnalités en dehors du corps des magistrats, par opposition à la position des membres élus, avant d'appeler à la mobilisation générale des magistrats, même si cet appel est resté sans effet. (Communiqué du 1er mars 2023). Par ailleurs, les membres élus du Conseil Supérieur de la Magistrature, par leur déclaration publique et expresse de soutien au projet de Constitution, ont rejoint d'autres, comme des partis politiques, des leaders religieux, des associations et organisations de la société civile ainsi que de personnalités indépendantes, comme nous l'avons fait. Mais ils ont en plus rejoint le gouvernement. Or, nous constatons qu'ils n'ont pas évoqué l'indépendance de la Magistrature (la raison d'être fondamentale du CSM) qui a été pourfendue par le même projet de Constitution qu'ils soutiennent, à travers l'article 132 « Les Juges ne sont soumis, dans l'exercice de leur fonction, qu'à l'autorité de la loi… » En remplacement de l'article 82 de la constitution de 1992 : « Les Magistrats ne sont soumis, dans l'exercice de leur fonction qu'à l'autorité de la loi… » Un vrai recul qui oblige tout magistrat à l'action, conformément à l'article 5 du code de déontologie annexé au statut de la magistrature : « Le Magistrat a l'obligation de défendre son indépendance. Toutes pressions, quelle que soit leur provenance, tendant à influencer sa décision de justice, doivent être fermement repoussées. »

A cet égard, les membres élus, nos adversaires sur le projet de constitution dont notre opposition nous conduit devant le CSM, ne peuvent nous juger sur de supposés faits se rapportant au même projet de constitution.

Par conséquent, ne pouvant être impartiaux dans cette procédure, leur récusation s'impose conformément aux dispositions des articles **15 et 16** du code de déontologie annexé au statut de la magistrature.

Article 15 : « Le Magistrat doit se récuser chaque fois que :
- il s'estime incapable de juger en toute impartialité ;
- il soupçonne l'existence d'un conflit entre son intérêt personnel ou celui de ses proches parents ou amis et l'exercice de sa fonction. »

Article 16 : « Le Magistrat ne siège dans aucune cause où, pour des motifs raisonnables, son impartialité risquerait d'être mise en doute. »
Si les treize membres élus du Conseil ont vraiment apporté leur soutien à ce projet de constitution par conviction, les idées étant les déterminants de l'homme, tel que nous le concevons, nous formulons plus qu'un doute sérieux sur leur impartialité dans cette procédure.
En conséquence, nous demandons que les treize (13) membres élus du CSM soient récusés.

b- L'Inspecteur en chef des services judiciaires et le Directeur national de l'Administration de la Justice, membres de droit du CSM :

L'inspecteur en chef des services judiciaires saisi illégalement, par deux fois, en 2020 et 2023 par le ministre de la justice sur des faits relevant de la discipline ont provoqué mes réactions respectivement en dates du 16 février 2022 (pièce n°4 jointe dans la présente procédure) et du 31 mai 2023 reçue par l'Inspecteur en chef le 04 avril 2023 où j'ai relevé l'illégalité de la saisine de l'inspecteur en chef par le ministre de la justice pour enquêter sur des faits d'ordre disciplinaire, alors que le contrôle de l'inspection des services judiciaires est structurel conformément aux dispositions pertinentes de l'Ordonnance N°00-057/P-RM du 28 septembre 2000 portant création de l'Inspection des services judiciaires (article 2) et le Décret N°01-073/P-RM du 12 février 2001 fixant l'organisation et les modalités de fonctionnement de l'Inspection des services judiciaires (articles 8, 9 et 10). Ces passes d'armes ont créé une inimitié notoire entre l'inspecteur en chef et moi. Pire, il est à la base du lancement de la poursuite disciplinaire contre nous par le ministre, à travers un rapport dont le ministre parle, mais que je n'ai découvert qu'avec la communication du dossier il y'a quelques jours. Ce rapport administratif indique à son point 2 : Recommandations au ministre de la justice et des droits de l'homme, garde des sceaux : « L'ouverture de poursuites disciplinaires contre les nommés Cheick Mohamed Chérif KONE et Dramane DIARRA conformément aux dispositions de l'article 71 du statut de la magistrature…Un avertissement à Mohamed Saïdou SENE conformément à l'article 73 du statut de la magistrature… »

À la fin de l'enquête administrative (encadrée par une ordonnance et un décret au Mali), un rapport est rédigé par l'inspection, qui se prononce sur l'existence ou non de manquements commis par le magistrat, mais non sur l'opportunité de suites disciplinaires.

Le développement qui suit y est consacré.

Aucun texte ne permet à l'inspection des services judiciaires d'atteindre un magistrat sans passer par sa juridiction, son parquet ou son service. Les articles 8, 9 et 10 du Décret n°01-073/P-RM du 12 février 2001 fixant l'organisation et les modalités de fonctionnement de l'Inspection des Services Judiciaires sont on ne peut plus clairs.

Article 8 : Ils ont (inspecteurs) qualité pour effectuer sur instruction du ministre chargé de la justice, toutes missions d'investigations ou d'enquêtes nécessaires à l'accomplissement de leur mission. Ils peuvent, sur leur propre initiative, après approbation du ministre chargé de la justice, enclencher des missions de contrôle et d'investigation de tous les services et organismes relevant de son autorité. Ils peuvent se faire communiquer par les services inspectés tous les documents utiles et recueillir tous les témoignages nécessaires. L'inspecteur en chef évalue trimestriellement avec les inspecteurs le point d'exécution du programme annuel.

Article 9 : Les inspecteurs n'ont pas pouvoir de décision. Ils sont toutefois habilités, en cas de nécessité manifeste ou urgente, à prescrire des mesures conservatoires à l'exclusion des mesures privatives de liberté, à charge pour eux d'en rendre compte immédiatement à l'inspecteur en chef.

Article 10 : À l'issue de leurs missions les inspecteurs sont tenus de rédiger un rapport dont copie est communiquée aux agents et responsables des services et organismes contrôlés qui seront invités à présenter, par écrit, leurs réponses aux observations dans le délai qui leur est imparti. Le rapport définitif doit comporter des propositions de mesures destinées à remédier aux insuffisances, erreurs ou fautes constatées, à améliorer la qualité de la gestion administrative et financière, à accroître le rendement et l'efficacité du service ou de l'organisme contrôlé.

D'où l'inspection tient-elle cette prérogative de se prononcer sur l'opportunité des suites disciplinaires ? Nulle part. C'est un abus.
Alors, tous ces rapports de l'inspection des services judiciaires avec des recommandations de poursuites ou sanctions disciplinaires, comme celui nous concernant, à l'allure de rapports d'enquête du Conseil Supérieur de la Magistrature, sont contraires à l'article 10 ci-dessus et donc illégaux. Pire,

les inspecteurs ne peuvent demander communication de documents ou recueillir des témoignages nécessaires qu'après l'inspection des services, conformément à l'article 8 sus-cité.

L'inspecteur en chef ne viole pas seulement le décret portant organisation et modalités de fonctionnement de son service, mais il opine également, en tant que membre de droit du Conseil supérieur de la magistrature.
Ce membre ne peut être impartial à mon endroit. Nous demandons sa récusation.
S'agissant du directeur national de l'administration de la justice (DNAJ), il a, sur la base d'un rapport irrégulier et illégal dressé par l'inspecteur en chef des services judiciaires, illégalement pris un avertissement contre moi sur la base supposée de faits relevant de la discipline. En effet, n'étant pas mon chef hiérarchique, il ne peut me donner un avertissement (article 73 du statut de la magistrature).
Ma réaction à cet acte illégal et maladroit du directeur national de l'administration de la justice, en date du 3 novembre 2022, sera gravée dans l'histoire tant elle a mis le curseur sur les sales besognes de l'administration de la justice. Avec moins d'animosité, certes, cet épisode hante mes relations avec le DNAJ dont un doute sérieux affecte l'impartialité dans une procédure disciplinaire me concernant, initiée par le ministre de la justice dont il dépend et par qui il avait illégalement agi. Ainsi, conformément à l'article 16 du code de déontologie sus évoqué, il est aussi à récuser.

II- LES EXCEPTIONS OU QUESTIONS PRÉJUDICIELLES :

La Constitution promulguée le 22 juillet 2023 ne reconnaît pas le président de la Transition comme président du Conseil Supérieur de la Magistrature, d'une part, et d'autre part, elle rend caduque la loi organique N°03-033/ DU 07 octobre 2003 fixant l'organisation, la composition, les attributions et le fonctionnement du Conseil supérieur de la Magistrature, qui est plutôt conforme à la Constitution du 25 février 1992.

1- Le président de la Transition, ignoré par la Constitution en vigueur, n'est ni président de la République, encore moins président du Conseil Supérieur de la Magistrature :

Comme précédemment évoqué dans la première partie, cet état est illustré par les dispositions qui suivent. Le Président de la République est défini par l'article 45 de la constitution promulguée le 22 juillet 2023 qui dispose que : « Le président de la République est élu pour cinq ans au suffrage universel direct. Il n'est rééligible qu'une seule fois ».

L'article 134 de cette même Constitution en vigueur dispose que : « Le président de la République est garant de l'indépendance du pouvoir judiciaire. Il est assisté par le Conseil Supérieur de la magistrature. »

L'article 138 de la Constitution en vigueur précise que : « Une loi organique fixe les attributions, la composition, l'organisation et les règles de fonctionnement du Conseil supérieur de la magistrature ».

Notre pays est en quête de président de la République démocratiquement élu à travers une élection présidentielle acceptable. Clamer cette normalité aux échéances fixées par les autorités de la Transition elles-mêmes est devenu un délit et une cause de notre traduction devant le Conseil de discipline, en parlant naïvement d'opposition aux autorités de la Transition. Ainsi, une nouvelle loi organique doit impérativement arriver conformément à la constitution en vigueur.

2- La loi organique N°03-033/ DU 07 octobre 2003 fixant l'organisation, la composition, les attributions et le fonctionnement du Conseil supérieur de la Magistrature est caduque en ce qu'elle est contraire à la Constitution à travers les articles 136 et 137 de celle-ci :

Article 136 : « Le Conseil supérieur de la magistrature peut être saisi par un justiciable dans les conditions fixées par une loi organique. »

Article 137 : « Le conseil supérieur de la magistrature est constitué pour moitié de personnalités choisies en dehors du corps des magistrats. »

L'invalidité de la loi organique N°03-033/ DU 07 octobre 2003 ressort expressément des dispositions de l'article 189 de la constitution qui dispose que : « La législation en vigueur demeure valable dans la mesure où elle n'est pas contraire à la présente Constitution et où elle n'est pas l'objet d'une abrogation expresse. »

Ainsi, la saisine et surtout la constitution (composition) du Conseil supérieur de la Magistrature précisées dans la Constitution sont contraires aux dispositions de la loi organique en vigueur qui devient invalide à cet effet.

Par conséquent, nous demandons à la « formation disciplinaire » de déférer le dossier de la procédure devant la Cour constitutionnelle, compétente pour statuer, à titre préjudiciel, sur la qualité de « président du Conseil supérieur de la magistrature », faussement et abusivement attribuée au président de la Transition par seulement quelques autorités judiciaires (ministre de la justice, premiers responsables de la Cour suprême et les membres élus du conseil Supérieur de la magistrature) dans toute la République, sans aucune base légale, d'une part, et d'autre part, sur l'invalidité de la loi organique N°03-033/ DU 07 octobre 2003 comme contraire à la Constitution de la République en ses dispositions relatives à la saisine et à la constitution (composition) du Conseil Supérieur de la Magistrature.

3- La loi N°02-054/ DU 16 décembre 2002 portant statut de la Magistrature est caduque en ce que son article 71 est contraire à l'article 133 de la Constitution :

Article 133 de la Constitution : « Tout manquement de la part du juge à ses devoirs d'indépendance, d'impartialité et de probité constitue une faute professionnelle grave passible de sanctions disciplinaires, sans préjudice, le cas échéant, de poursuites judiciaires ». Cette disposition constitutionnelle est en conflit avec l'article 71 du statut de la magistrature portant sur les fautes disciplinaires et professionnelles qui dispose que : « Tout manquement par un magistrat aux devoirs de son état, à l'honneur, à la délicatesse ou à la dignité constitue une faute disciplinaire. Constitue de la part du magistrat une faute professionnelle, toute violation grave des règles de procédure, tout abus de droit notoire, tout manque avéré de diligence dans l'accomplissement de sa mission.
Sans préjudice des poursuites pénales ou civiles éventuelles, toute faute professionnelle peut donner lieu à des poursuites et des sanctions disciplinaires conformément au présent statut ».

Cette disposition constitutionnelle modifie non seulement le champ de l'article 71 du statut, mais y substitue surtout juge à magistrat dans la définition des fautes disciplinaires et professionnelles.
De tout ce qui précède ;
Nous demandons à la formation disciplinaire de

1- **Constater** :
- L'incompétence du président de la Transition à intervenir dans le Conseil supérieur de la magistrature, conformément à la Constitution, à la loi organique sur

le Conseil supérieur de la magistrature et au statut de la magistrature ;

- L'incompétence du procureur général près la Cour suprême qui ne peut présider qu'une formation disciplinaire concernant un magistrat du parquet ;
- L'incompétence de l'administrateur civil illégalement désigné rapporteur pour entendre un magistrat du 1er garde, 2ème groupe, 3ème échelon.

2- Déclarer nuls et de nul effet :

- la demande du président de la transition qui n'est ni président de la République, ni président du Conseil Supérieur de la Magistrature, d'engager la procédure disciplinaire contre Dramane DIARRA, magistrat de premier grade, en date du 27 avril 2023 ;
- la décision N°002/PG-CSM en date du 10 mai 2023 du Procureur général de la Cour suprême portant ouverture d'une procédure disciplinaire contre Dramane DIARRA, Magistrat du 1er Grade, contraire au statut de la magistrature qu'elle vise en premier lieu, de même que la loi organique sur le CSM ;
- la décision N°004/PG-CSM du 12 mai 2023 du procureur général près la cour suprême portant désignation d'un rapporteur en violation des articles 76 et 77 du statut de la magistrature qu'elle vise ;
- le rapport d'enquête administrative dressé et signé par monsieur Ousmane Christian DIARRA, Administrateur civil, N°Mlle 934-47N, Hors grade, 1er échelon, Directeur national de la Fonction publique, en date du 10 août 2023, en violation de l'article 77 de la loi portant statut de la magistrature ; Et, de retirer, conséquemment, tous ces actes nuls, puis de dire la procédure ultérieure nulle.

3- Prononcer la récusation :

- des membres élus du Conseil supérieur de la magistrature, conformément aux articles 15 et 16 du statut de la magistrature ;
- de l'inspecteur en chef des services judiciaires, membre de droit du CSM ;
- du directeur national de l'administration de la justice, membre de droit du CSM.

4- Ordonner la transmission du dossier de la procédure à la Cour constitutionnelle, compétente pour statuer, à titre préjudiciel :

- sur la qualité de « président du conseil supérieur de la magistrature » abusivement attribuée au président de la transition, qui n'est pas président de la République ;
- sur l'invalidité de la loi organique n°03-033/DU 07 octobre 2003 fixant l'organisation, la composition, les attributions et le fonctionnement du Conseil Supérieur de la Magistrature comme caduque en ce qu'elle est contraire à la Constitution (articles 136 et 137) ;
- sur l'invalidité de la loi N°02 – 054/ DU 16 décembre 2002 portant statut de la Magistrature en ce que son article 71 est contraire à l'article 133 de la Constitution.

Par conséquent, surseoir à statuer jusqu'à ce que la cour constitutionnelle ait rendu son arrêt.

Dont justice !

Bamako le 19 septembre 2023

<u>DRAMANE DIARRA</u>
MAGISTRAT

DEUXIÈME PARTIE :

EXPLICATIONS OU MOYENS DE DÉFENSE SUR LES FAITS QUI ME SONT REPROCHÉS : (Article 81 du statut de la magistrature)

Après lecture du rapport illégal, complaisant et fantaisiste dont vous venez de procéder, nous allons nous atteler, sans peine, à le démonter point par point.

I- OBJET :

Le rapporteur dit que : « Le présent rapport a pour objet de restituer, in extenso, la teneur de la mission qui nous a été confiée, suivant les termes de la Décision n°001/PG-CSM et n°002/PG-CSM du 10 mai 2023, en vertu de laquelle, Monsieur le Procureur général de la Cour suprême, exerçant les fonctions légales de Président du Conseil de discipline pour les Magistrats du Parquet, nous désigne en qualité de Rapporteur dans le cadre de la procédure disciplinaire concernant Monsieur Dramane DIARRA, Magistrat de son état. »

Nous observons que :
- sur le plan de la forme : le rapporteur cite deux décisions, mais continue en disant : « en vertu de laquelle... ». Il aurait fallu dire lesquelles ou préciser laquelle des deux décisions s'agit-il.
- Sur le fond : il précise que le Procureur général de la cour suprême, en le désignant, exerce les fonctions légales de Président du Conseil de discipline pour les Magistrats du Parquet, dans le cadre de la procédure disciplinaire concernant Monsieur Dramane DIARRA, Magistrat de son état. Cependant, le Procureur général ne préside que le Conseil de discipline concernant les seuls magistrats du parquet comme en dispose, d'une part, l'article 14 in finé de la loi organique fixant l'organisation, la composition, les attributions et le fonctionnement du Conseil supérieur de la Magistrature : « Le Conseil Supérieur de la Magistrature siégeant en matière de discipline des magistrats du parquet est présidé par le Procureur Général près la Cour suprême ». Or,

je ne suis pas un magistrat du parquet, en témoigne le décret N° 2021-0152/PT-RM DU 10 MARS 2021 PORTANT AFFECTATION ET NOMINATION DE MAGISTRATS (Journal officiel N°09 du 26 mars 2021), qui, au titre des services centraux, m'affecte à la Direction nationale des Affaires judiciaires et du Sceau (DNAJS). Ainsi, l'objet du rapport est faux et la suite du document ne peut être qu'erroné et sans fondement.

II- EXPOSE DES ÉLÉMENTS D'ORDRE FACTUEL AINSI QUE D'ORDRE PROCÉDURAL :

Dans une première partie le rapporteur rappelle : « la saisine de l'inspecteur en chef des services judiciaires par le ministre de la justice et des droits de l'homme, garde des sceaux contre Cheick Mohamed Chérif KONE, Mohamed Saïdou SENE et moi-même, tous membres de la Référence Syndicale des Magistrats (REFSYMA) et que nous exercerions des activités politiques au sein « d'un groupement d'organisations fondamentalement politique **appelée** (aucune concordance dans cette phrase) « APPEL DU 20 FÉVRIER 2023. » »

A ce niveau déjà, si le ministre lui-même dit « fondamentalement politique », c'est qu'il est sûr que ce n'est pas un cadre politique. Il le corrobore plus tard, en disant que : « …ce nouveau groupement politique conduit par Monsieur KONÉ, lequel constamment assisté de ses compagnons susnommés, que sont monsieur Dramane DIARRA et Monsieur SENE, a effectué plusieurs rencontres avec des leaders politiques et religieux notoirement connus. Lors desdites rencontres, Dramane DIARRA et Cheick Mohamed Chérif KONE ont été aperçus tenant, sur les ondes de médias privés, des propos haineux et révoltants, à la limite, injurieux, à l'endroit des Autorités de la Transition. À ces mêmes occasions, lesdits magistrats ont présenté à l'assistance des revendications de nature politique, dont l'objet a porté sur les points ci-après :

- L'abandon de la réforme constitutionnelle en cours,
- L'organisation sans délai d'élections et le respect du chronogramme de la transition »

Ici aussi, le ministre parle de leaders religieux et politiques rencontrés.

D'abord, on retient que le ministre parle de regroupement politique sans savoir de quoi il parle. Au Mali, au titre de la souveraineté, l'article 39 al 1 de la Constitution dispose que : «les partis politiques concourent à l'expression du suffrage. Ils se forment et exercent librement leurs activités dans les conditions déterminées par la loi. » (Artivle 28 de la Constitution de 1992.)

Cette loi s'appelle la Charte des partis politiques (loi n°05-047/DU 18 AOÛT 2005).

Au titre de l'article 2 de cette loi : « Les partis politiques sont des organisations de citoyens unis par un idéal, prenant la forme d'un projet de société, pour la réalisation duquel ils participent à la vie politique par des voies démocratiques. Ils ont vocation à mobiliser et éduquer leurs adhérents, à participer à la formation de l'opinion, à concourir à l'expression du suffrage, à l'exercice du pouvoir et à encadrer des élus. »

La charte des partis politiques ne définit pas l'activité politique, mais précise les conditions de formation des partis politiques, leur organisation et fonctionnement, leurs ressources financières et leur financement, la formation civique et politique de leurs membres, leur fonction électorale, etc. Ainsi les partis politiques sont créés par décision d'une instance constitutive de leurs militants qui adoptent les statuts et le règlement intérieur. (Article 3). Ces statuts et règlement intérieur doivent être présentés de façon distincte. Les statuts doivent définir en outre, les

fondements et objectifs précis du parti ; les dispositions financières ; les structures, instances et organes de fonctionnement ; la composition, les modalités d'élection et de renouvellement, ainsi que la durée du mandat des organes. (Article 4).
Or, l'Appel du 20 février 2023 pour sauver le Mali est une déclaration dite « APPEL AU PEUPLE MALIEN » autour de laquelle se sont retrouvés des partis et regroupements politiques, et des organisations de la société civile favorables au respect de la constitution et du délai de la transition fixé par les autorités mêmes de cette transition, pour éviter des déconvenues comme un autre embargo à notre peuple. Le texte de l'Appel suit :

APPEL AU PEUPLE MALIEN

Nous, partis politiques, regroupements de partis politiques et organisations de la société civile

Considérant que de nombreuses forces politiques et organisations de la société civile ont demandé au président de la Transition de renoncer au projet d'élaboration d'une nouvelle Constitution ;
Considérant que cette demande est fondée sur le constat que la Constitution du 25 février 1992 demeure en vigueur et qu'aucune norme de droit positif ne donne compétence au président de la Transition pour prendre l'initiative de l'établissement d'une nouvelle Constitution et par conséquent passer à la IVème République ;
Considérant que le Pouvoir en place ne peut donner aucune justification juridique ou politique pertinente à une telle entreprise qui est à la fois irrégulière et inutile ;
Considérant que cette entreprise n'est nullement un passage obligé pour le rétablissement de l'ordre constitutionnel ;

Considérant que les fonds qui y sont destinés, environ quatre milliards de F CFA, doivent trouver un meilleur usage dans un pays dont les populations sombrent dans la misère, n'ont pas accès aux services sociaux de base et vivent dans la hantise des exactions des groupes armés ;
Convaincus que ce n'est pas une nouvelle Constitution imposée par la force des armes qui pourrait faire sortir le Mali de la crise multidimensionnelle qu'il connait depuis de nombreuses années et éviter à notre pays la pérennisation de mauvaises élections, de la mauvaise gouvernance, de l'impunité, du népotisme, de l'insécurité et du délitement de l'État ;
Rappelant aux autorités de la Transition, l'attachement de notre Peuple au respect de la parole donnée ;
Constatant que de plus en plus des voix proches des Autorités de la Transition préparent l'opinion à l'abandon du chronogramme initial adopté par le Conseil National de Transition (CNT) ;
Prenant à témoin l'opinion nationale et internationale sur le fait que ces initiatives sont potentiellement porteuses des germes d'une instabilité dont notre pays n'a nullement besoin ;
Nous, partis politiques, regroupements de partis politiques et organisations de la société civile

Réitérons avec force notre demande d'abandon du projet d'établissement d'une nouvelle Constitution ;
Invitons instamment le président de la Transition à veiller scrupuleusement au respect du chronogramme qui prévoit la fin de la transition en mars 2024 ;

Appelons tous les patriotes et démocrates à s'unir et à agir avec détermination et fermeté pour obtenir l'abandon du projet d'établissement d'une nouvelle Constitution et le respect de l'achèvement du retour à l'ordre constitutionnel en mars 2024.

Œuvrerons par tous les moyens légaux pour obtenir l'abandon du projet d'élaboration d'une nouvelle Constitution et le respect du chronogramme de la Transition.

Fait à Bamako, le 20 février 2023

Les organisations de l'appel du 20 février 2023 pour sauver le Mali ne sont pas regroupées dans une structure formelle, encore moins un parti politique. Ce cadre n'a ni statut, ni règlement intérieur. Donc une association non déclarée relevant de la loi sur les associations. Aucun bureau formel n'existe et chaque composante garde son identité propre. Pour les besoins d'organisation des activités d'information et de sensibilisation des citoyens, un coordinateur général supervise les activités des commissions de travail.
Les objectifs de cet appel sont clairs : *œuvrer par tous les moyens légaux pour obtenir l'abandon du projet d'établissement d'une nouvelle constitution et le respect du chronogramme de la transition fixé par décret du président de la Transition.*
Le cadre n'a rien d'un parti politique et ne mène aucune activité politique, mais plutôt des actions civiques, conformément aux dispositions du titre premier de la constitution du 25 février 1992, en vigueur au moment des faits supposés, notamment l'article 22 qui dispose que : « Tout citoyen, toute personne habitant le territoire malien, a le devoir de respecter en toutes circonstances la Constitution. » (Article 29 de la Constitution du 22 juillet 2023.) Mieux, pour des structures de la société civile comme l'ALLIANCE DES GÉNÉRATIONS DÉMOCRATIQUES DU MALI (AGDM) que je préside depuis 2012 et que je représente au niveau de l'APPEL, de même que notre syndicat (REFSYMA), dont la participation à cette plate-forme relevant de la société

civile, dérangea tant un ministre aux antipodes des concepts et principes démocratiques, notre rôle est encore bien précisé dans cette nouvelle constitution en son **article 40** : « Les organisations de la société civile exercent, dans le cadre de la démocratie participative, une mission de veille citoyenne dans les conditions déterminées par la loi. »
Indubitablement la veille citoyenne couvre la gestion des affaires et des politiques publiques.
En effet, l'AGDM, une association relevant de la société civile et à but non lucratif (article 1) selon l'article 3 de son statut, a pour objectifs :

1- *De défendre et promouvoir la Démocratie et l'Etat de droit au Mali en particulier, et de par le monde en général.*
2- *De regrouper tous les démocrates Maliens quelques soient leur orientation politique, idéologique, confessionnelle et leur race.*
3- *De cultiver l'excellence et la probité dans la gestion des affaires, notamment les affaires publiques.*
4- *D'œuvrer au développement de la République du Mali.*

Ma structure est créée le 15 septembre 2012, conformément à la loi n° 04-038/ DU 05 août 2004 relative aux associations et déclarée suivant récépissé n° 549 – GDB/ du Gouverneur du District de Bamako en date du 02 octobre 2012.

Rassembler les démocrates Maliens au-delà de leur orientation politique, idéologique confessionnelle et de leur race, est une tâche qui incombe à tout citoyen de la République, en premier lieu les autorités, et ne saurait déranger que des dictateurs et leurs soutiens. La dictature ne prospère pas dans la République dont le principe de l'Etat est « le gouvernement du peuple, par le peuple et pour le peuple. » immuable dans les Constitutions depuis 1992.

Or, cette procédure est révélatrice de l'arbitraire, de la dictature, du déni de droit, de la capitulation de la justice et de la servilité excentrique de certains de ses animateurs.
La démocratie est le meilleur des régimes de par le monde, elle n'est pas occidentale, mais universelle. Au Mali, nous avons mieux : le consensus comme mode de gestion millénaire de nos cités et contrées. Il n'y a aucune issue dans la voie de la dictature qui a pour référence, le règne animal. Nous ne pouvons pas accepter le règne du mensonge et de la propagande qui se propagent sous nos cieux.

Pour revenir aux deux articles 19 et 20 du statut de la magistrature (code de déontologie) évoqués comme fondement des accusations puériles du ministre de la justice, nous faisons remarquer qu'en plus de la Constitution, de la charte des partis politiques, le code de déontologie annexe au statut de la magistrature, à travers son article 19 : « Toute activité ou délibération politique est interdite aux Magistrats » ne donne aucune définition de l'activité politique ou de la délibération politique. Pour ne pas rester dans cette vacuité, le texte a cru préciser les activités ou délibérations politiques dans l'article 20 suivant : « Le magistrat doit en particulier s'abstenir :

- d'adhérer aux partis politiques et de procéder à la collecte de fonds politiques ;
- de participer aux réunions politiques et à des activités de financement politique ;
- de contribuer aux partis ou aux campagnes politiques ;
- de participer publiquement à des débats politiques, sauf sur des questions concernant directement le fonctionnement des tribunaux, l'indépendance de la magistrature, ou des éléments fondamentaux de l'administration de la justice. ;

- de signer des pétitions visant à influencer une décision politique… »

Les éléments de la Référence Syndicale des Magistrats que nous sommes n'avons adhéré à aucun parti politique, ni participer aux réunions politiques et aux activités de financement politique, ni contribuer aux partis ou aux campagnes politiques, encore moins à la signature de pétitions visant à influencer une décision politique. »

En ce qui nous concerne, les débats publics auxquels nous prenons part, ont trait à la démocratie et aux élections, à la séparation des pouvoirs, à l'indépendance de la magistrature, aux éléments fondamentaux de l'administration de la justice, au fonctionnement des juridictions, qui ne sont pas interdits par l'article 20 sus évoqué.

Par rapport aux textes visés par le rapport et la dénonciation, il n'y a aucune illégalité donc aucune faute à retenir contre nous.

Pair ailleurs, au-delà des textes du Mali, comme ci-dessus indiqué, ni le lexique des termes juridiques, ni les dictionnaires courants, singulièrement le grand Larousse illustré, ne donnent une définition de l'activité ou de la délibération politique.

Il a fallu se reporter au niveau de la loi Canadienne sur l'emploi dans la fonction publique (partie 7 111(1)), pour trouver une définition claire et limpide des activités politiques comme :

a) toute activité exercée au sein d'un parti politique, ou exercée pour soutenir un tel parti ou pour s'y opposer ;

b) toute activité exercée pour soutenir un candidat avant ou pendant une période électorale, ou pour s'y opposer ;

c) **le fait d'être candidat à une élection ou de tenter de le devenir, avant ou pendant la période électorale.**

Au regard de tout ce que dessus, je n'ai mené aucune activité politique.
Aussi, demander que la Constitution et les lois de la République soient respectées, y compris le délai de la transition fixé par la même voie, n'a rien d'opposition haineuse à une transition.
Également, représentant une organisation de la société civile, en dehors de toute fonction judiciaire, je ne peut être concerné par les accusations à la base de cette procédure.

C'est sur la base de ces faits mal appréhendés par le ministre qu'il fit intervenir illégalement et maladroitement l'inspection des services judiciaires (ISJ), en vue d'entendre des magistrats sur des faits d'ordre disciplinaire, au lieu de saisir, par simple dénonciation, le Conseil supérieur de la magistrature, chargé d'instruire et de juger tout fait relevant de la discipline.
Nous ne devrions pas nous étendre sur ce service intrus dans la procédure disciplinaire, dont, d'ailleurs, nous ne verrons son rapport qu'avec la communication du dossier. Ce rapport ne saurait concerner le dossier disciplinaire dont la procédure ne parle et ne reconnaît qu'un seul rapport (article 81 du statut de la magistrature), celui du rapporteur désigné par la procédure prescrite dans ledit statut. Cependant, nous en profitons pour mettre un terme définitif à cette intrusion malsaine à l'allure de chantage dans les missions disciplinaires réservées au Conseil Supérieur de la Magistrature.
En effet, deux textes régissent l'Inspection des services judiciaires : l'Ordonnance n°00-057/P-RM du 28

septembre 2000 portant création de l'inspection des services judiciaires et le Décret n°01-073/P-RM du 12 février 2001 fixant l'organisation et les modalités de fonctionnement de l'ISJ.
Mes observations faites à l'inspecteur en chef le 31 mars 2023 démontrent suffisamment l'intrusion de son service dans un domaine qui lui est étranger. Jugeons-en par le texte de la lettre.

Bamako le 31 mars 2023

Dramane DIARRA, Magistrat en service à la Direction Nationale des Affaires Judiciaires et du Sceau
A
Monsieur l'Inspecteur en Chef des Services Judiciaires

Objet : Observations

Monsieur,
J'accuse bonne réception de votre correspondance N° 013/MJDH-ISJ, en date du 30 mars 2023, reçue dans mon bureau, par voie hiérarchique, ce jour vendredi 31 mars 2023 à 13 heures 37 minutes, m'invitant à me présenter à l'Inspection des Services judiciaires le lundi 03 avril 2023 à 10 heures dans le cadre d'une enquête administrative, ouverte à la demande de monsieur le ministre de la Justice et des droits de l'Homme, Garde des Sceaux.
Vous visez « les dispositions de l'article 02 du décret n°00-057/-RM du 28 septembre 2000 Portant création de l'Inspection des services judiciaires »
Je crois savoir que l'Inspection des Services Judiciaires est créée par l'Ordonnance N°00-057/P-RM du 28 septembre 2000, ratifiée par la loi N°00-069/AN-RM du 30 novembre 2000, et non un décret.

Au-delà de cette première remarque, quelques observations s'imposent :

1- L'Inspection des Services judiciaires n'est pas l'Inspection des Magistrats ou des agents des services de la Justice :

En effet, aux termes de cette ordonnance, l'Inspection des Services judiciaires est un service central (article 1er) dont les missions/attributions/ compétence sont fixées à l'article 2.

Article 2 : « L'Inspection des Services Judiciaires a pour mission de :

- Veiller au bon fonctionnement des services judiciaires et tous autres services relevant du ministère chargé de la justice ;
- Contribuer à perfectionner les méthodes de travail des magistrats et du personnel du service public de la justice.

L'Inspection des Services Judiciaires est également investie d'un pouvoir d'information et de conseil des agents et services en vue d'améliorer le fonctionnement des structures contrôlées.

L'Inspection des Services Judiciaires effectue à la demande du ministre chargé de la Justice, toutes enquêtes ou missions particulières « entrant dans le cadre de ses attributions. »

De ces dispositions de l'article 2 de l'ordonnance ci-dessus citée, il en ressort clairement que l'Inspection des Services Judiciaires a pour mission de contrôler les services judiciaires (juridictions et parquets) et tous autres services relevant du ministère chargé de la Justice. Aussi, elle doit contribuer à perfectionner les méthodes de travail des magistrats et du personnel du service public de la justice, par des informations et des conseils. Par ailleurs, l'Inspection des Services Judiciaires effectue, à la demande du ministre chargé de la Justice, toutes enquêtes ou

missions particulières, mais entrant dans le cadre de ses attributions.
La Direction Nationale des Affaires Judiciaires et du Sceau où je suis en fonction, en ce moment, n'a pas fait l'objet de contrôle ou d'inspection de votre service, à ma connaissance, dont je devrais répondre des suites. En tout état de cause, je demeure disposé à vous recevoir dans la cadre de toute mission de contrôle de mon service conformément aux dispositions de l'ordonnance portant création de l'Inspection des Services Judiciaires.

2- Le contrôle de l'Inspection des Services Judiciaires est un contrôle structurel :
La compétence de l'Inspection des Services Judiciaires s'exerce sur les services judiciaires (juridictions et parquets) et d'autres services relevant du ministère chargé de la Justice et non sur des individus (agents), qui ne peuvent être concernés qu'à travers leurs fonctions et les responsabilités dont ils sont investis dans les juridictions, parquets ou autres services relevant du ministère chargé de la Justice. Or la Direction Nationale des Affaires Judiciaires et du Sceau dont je relève, n'est l'objet d'aucun contrôle, ni de routine, ni pour faits signalés qui aurait pu révéler des faits me concernant. Par contre, s'il s'agirait de faits détachables de mes fonctions à la Direction Nationale des Affaires Judiciaires et du Sceau, donc d'ordre disciplinaire, il me plairait de vous indiquer que l'Inspection des Services Judiciaires n'a aucune compétence dans cette matière. Et vous vous souviendrez aisément de ma correspondance, en date du 16 février 2022, à vous, adressée, où j'observais, dans un cas précédant, que la demande du ministre chargé de la Justice faite à l'Inspection des Services Judiciaires tendant à une enquête ou toute autre mission concernant un agent dans ces circonstances, est illégale, car n'entrant pas dans le cadre des attributions de ce service.

Par conséquent, je suis au regret de ne pouvoir répondre à votre invitation.

Ampliation :
DNAJS............1
Dramane DIARRA
Magistrat

Aucun texte ne permet à l'inspection des services judiciaires d'atteindre un magistrat sans passer par sa juridiction, son parquet ou son service. Les articles 8, 9 et 10 du Décret n°01-073/P-RM du 12 février 2001 fixant l'organisation et les modalités de fonctionnement de l'Inspection des Services Judiciaires sont on ne peut plus clairs.

Article 8 : Ils ont (inspecteurs) qualité pour effectuer sur instruction du ministre chargé de la justice, toutes missions d'investigations ou d'enquêtes nécessaires à l'accomplissement de leur mission. Ils peuvent, sur leur propre initiative, après approbation du ministre chargé de la justice, enclencher des missions de contrôle et d'investigation de tous les services et organismes relevant de son autorité. Ils peuvent se faire communiquer par les services inspectés tous les documents utiles et recueillir tous les témoignages nécessaires. L'inspecteur en chef évalue trimestriellement avec les inspecteurs le point d'exécution du programme annuel.

Article 9 : Les inspecteurs n'ont pas pouvoir de décision. Ils sont toutefois habilités, en cas de nécessité manifeste ou urgente, à prescrire des mesures conservatoires à l'exclusion des mesures privatives de liberté, à charge pour eux d'en rendre compte immédiatement à l'inspecteur en chef.

Article 10 : À l'issue de leurs missions les inspecteurs sont tenus de rédiger un rapport dont copie est communiquée aux agents et responsables des services et organismes contrôlés qui seront invités à présenter, par écrit, leurs réponses aux observations dans le délai qui leur est imparti. Le rapport définitif doit comporter des propositions de mesures destinées à remédier aux insuffisances, erreurs ou fautes constatées, à améliorer la qualité de la gestion administrative et financière, à accroître le rendement et l'efficacité du service ou de l'organisme contrôlé.

Alors, tous ces rapports de l'inspection des services judiciaires avec des recommandations de sanctions, à l'allure de rapports d'enquête du Conseil Supérieur de la Magistrature, sont contraires à l'article 10 ci-dessus et donc illégaux. Pire, les inspecteurs ne peuvent demander communication de documents ou recueillir des témoignages nécessaires qu'après l'inspection des services, conformément à l'article 8.

Malheureusement cette pratique illégale, malsaine a pris le pas sur les missions prescrites à l'inspection des services judiciaires. Il a fallu notre résistance pour étaler au grand jour ces violations graves de la loi. Le comble est qu'ils invitent illégalement les magistrats dans leurs locaux alors qu'ils ont facturé plusieurs jours de mission y compris avec véhicule et chauffeur, de connivence avec le ministre de la justice, pour faire saigner les deniers publics. N'est-ce pas là un détournement organisé de deniers publics ?
C'est ce qui a permis à Cheick Mohamed Chérif KONE, de revenir, par correspondance en date du 05 avril 2023, adressée à l'inspecteur en chef des services judiciaires, copie de l'ordre de mission jointe allant du 29 septembre au 08 octobre 2021, avec ampliation au président de la Transition, au Bureau du Vérificateur Général, au Contrôle

Général des Services Publics et au Contentieux de l'Etat, sur son audition d'à peine deux (02) heures, dans les locaux de l'inspection, ayant occasionné une mission de dix (10) jours pour cinq (5) personnes y compris le chauffeur, par le véhicule de l'inspection, à Bamako, au compte du budget national.
Les mêmes pratiques de déprédation de nos ressources publiques continuent avec, cette fois, l'ordre de mission n°0054/MJDH-SG du 24 mars 2023, signé du ministre, allant du même jour 24 mars au 07 avril 2023, soit quinze (15) jours, pour cinq (05) personnes y compris le chauffeur, à bord du véhicule de l'inspection à Bamako, « pour vérification des faits dénoncés contre Cheick Mohamed Chérif KONE, Dramane DIARRA et Mohamed Saïdou SENE. » Quel gâchis !

A présent vous êtes édifiés que nul ne doit évoquer l'inspection des services judiciaires au Mali, en l'état, dans une procédure disciplinaire.

Les pays qui ont souhaité l'intervention de l'inspection dans l'enquête disciplinaire, comme le Sénégal l'ont gravée dans leur texte. En effet, l'Inspection Générale de l'Administration de la Justice (IGAJ) est compétente pour les différents types d'inspections suivants :

- Inspection de fonctionnement ;
- Inspection de suivi évaluation (vérifier l'effectivité des recommandations) rappel des recommandations, mise en œuvre des recommandations et les préconisations ;
- Inspection disciplinaire avec un champ précisé (missions disciplinaires : retards inconsidérés dans le traitement des dossiers, dans les prises de décisions, etc.). Elle procède comme les juges d'instruction ;

- Inspection thématique : retard dans l'enregistrement des décisions, abus dans l'application de la détention, etc.

La grande spécificité de l'IGAJ, comme il nous est donné de constater, avec la confirmation des autorités judiciaires Sénégalaises lors d'une mission d'autorités judiciaires Maliennes à Dakar (du 27 novembre au 3 décembre 2022), donc moins d'un an, est que ses textes lui permettent d'entendre magistrats, auxiliaires de justice (avocats, huissiers commissaires de justice, notaires, etc.) en matière disciplinaire.

Sur la base de l'alinéa 1 de l'article 71 du statut de la magistrature : « Tout manquement par un magistrat aux devoirs de son état, à l'honneur, à la délicatesse ou à la dignité constitue une faute disciplinaire », qui n'est que la copie parfaite de l'article 43 de l'ordonnance n°58-1270 du 22 décembre 1958 portant loi organique relative au statut de la magistrature en France, selon lequel la faute disciplinaire est : «Tout manquement par un magistrat aux devoirs de son état, à l'honneur, à la délicatesse ou à la dignité », le ministre chargé de la justice a saisi le président de la Transition, chef de l'Etat, qui n'est pas président de la République, donc il n'est pas président du Conseil Supérieur de la Magistrature (saisine illégale teintée d'usurpation de titre et de fonction et même de faux et usage de faux). Le président de la Transition a saisi illégalement le Procureur général de la Cour suprême qui n'est compétent pour présider la formation disciplinaire que pour un magistrat du parquet. Or, je n'en suis pas un, j'exerce dans un service central depuis plus de deux (02) ans (hors des fonctions judiciaires). Et ma fonction n'est assimilable à aucune fonction judiciaire, car les fonctions des magistrats des services centraux au Mali ne sont pas judiciarisées. Sinon, pourquoi le président de la Transition n'a-t-il pas saisi le président de la Cour suprême qui dirige la Cour et qui a un rang plus élevé que celui du procureur général ? Celui-ci a du faire observer qu'il n'est pas compétent. Alors il faut recourir à un magistrat qui peut tout admettre en violation de la loi.

III- ANALYSE JURIDIQUE DES FAITS EN CAUSE :

Ce rapporteur de fait, commence par dire que : « Au regard de la divergence de qualification juridique des faits, divergence entre la position de Monsieur Dramane DIARRA, lequel estime avoir agi à bon droit, ainsi qu'à juste titre, et la position de Monsieur le Ministre de la Justice lequel soutient, mordicus, que le magistrat mis en cause s'est comporté de manière à transgresser les textes régissant la déontologie et l'éthique de la profession de magistrat, il convient d'analyser, sereinement, les faits dénoncés à la lumière des textes applicables en la matière. Les textes applicables, en l'espèce, sont essentiellement : 1/ La loi n°02-054/ du 16 décembre 2002 portant statut de la magistrature et 2/ Le code de déontologie annexé à cette loi portant statut de la magistrature. » Même s'il faut lui rappeler qu'il ne s'agit pas de deux textes, mais d'une loi et son annexe prévu en son article 15.

Avant que le néophyte d'administrateur civil, en matière judiciaire, auteur complaisant de cette mission illégale de rapportage n'analyse « sereinement » les faits à l'aune du statut de la magistrature, nous voudrions faire observer que les divergences de vues et de pratiques entre Dramane DIARRA et le ministre chargé de la Justice, tous magistrats de leur état, ne datent pas de ces faits supposés.

En effet, Dramane DIARRA, connu et renommé pour son franc parlé, sa conviction démocratique, son exemplarité dans les missions exercées aussi bien dans les juridictions et parquets qu'au niveau de l'administration, est un magistrat engagé dans la lutte contre l'arbitraire, les violations graves des règles de procédures, les abus de droit, le manque de diligence dans le traitement des procédures et dans la prise et l'enregistrement des décisions, les dénis de justice et le piétinement du droit à la justice des citoyens, etc. Sans fausse modestie, je suis le prototype du magistrat défini aux articles 7 et 8 du Code de déontologie.
Article 7 : « L'intégrité, la diligence, l'égalité et l'impartialité sont des devoirs que le Magistrat doit observer. »
Article 8 : « Le magistrat doit cultiver une image d'intégrité, d'impartialité et avoir une conduite qui lui vaut respect et considération. »

Pour Dramane DIARRA, le magistrat, c'est la responsabilité. Et la responsabilité c'est le respect de la loi, mais aussi, la résistance à toute forme de pression, comme prescrit par la constitution et le statut de la magistrature. Ma notoriété en la matière est reconnue au Mali et ailleurs, ce qui me vaut un respect et une considération enviables à travers le monde.

À contrario, le ministre de la justice, déjà à la tête du parquet de la Commune III du District de Bamako s'est abonné aux poursuites illégales, irrégulières et souvent fantaisistes et complaisantes dont les procédures, ont été le plus souvent, annulées par la Cour d'appel et/ou la Cour suprême. Nous pouvons, sans être exhaustif, citer :

- la procédure de complot contre le gouvernement contre Mohamed Youssouf BATHILY dit Ras Bath, Sékou TRAORÉ, Magistrat, alors secrétaire général de la présidence, Boubou CISSE, Mahamadou KONE, Vital Robert DIOP et Souleymane KANSAYE où la viande de sacrifice a été retenue comme élément de preuve fondamentale dans le réquisitoire introductif du Procureur, sans pouvoir entendre pourtant le marabout de chez qui serait partie cette viande. À croire que nous étions en présence d'un procureur charlatan (procureur viande de sacrifice). La suite est que la procédure a été annulée (à ne donc pas désespérer de la magistrature Malienne). Mais depuis, Mohamed Youssouf BATHILY court toujours derrière ses téléphones portables de dernière génération volés ou perdus entre le bureau du procureur et le greffe de la juridiction. Procédure annulée par la Chambre d'accusation et la Cour suprême ;

- La procédure contre Adama SANGARÉ, maire du District de Bamako au mépris de son privilège de juridiction, en violation du code de procédure pénale ;
- La procédure contre Mamadou CAMARA, en qualité de Directeur de Cabinet du président feu Ibrahim Boubacar KÉÏTA, avec rang de ministre, au mépris de ce privilège que lui octroie le Code de procédure pénale. Procédure annulée par la Chambre d'accusation ;
- Le dossier contre Bakary TOGOLA et autres jugé à l'insatisfaction du procureur (devenu ministre), qui prend des propensions hébétant même les spécialistes.
- Le dossier Aboubacar GUISSE, alors secrétaire général de la Cour suprême et membre élu du Conseil supérieur de la magistrature, éjecté du secrétariat général de la Cour suprême au mépris surtout de la procédure prescrite par la loi organique relative à l'institution.

Le même magistrat, malgré ce service mal rendu en tant que Procureur de la République, est propulsé Ministre de la Justice et des Droits de l'Homme. À quoi pouvait-on donc s'attendre ? À pire qu'on avait assisté jusque-là.

Les faits brillants de ce ministre sont dans la violation de la loi. Ce passage de ma réaction à son communiqué, sans date, lu dans la soirée du 20 avril 2023, veille de fête de Ramadan, est plus édifiant : « En effet, vous aviez un parcours administratif négligeable, un passé associatif insignifiant, mais de là à observer l'amalgame que vous faites depuis, entre les institutions comme la cour suprême et le gouvernement s'est révélé tragique pour la justice Malienne. Votre association avec les premiers responsables de la Cour Suprême s'est traduite par des violations flagrantes des lois de la République :

- La loi organique portant organisation et fonctionnement de la cour suprême et la procédure suivie devant elle pour le décret de révocation du 1er avocat général d'alors Cheick Mohamed Chérif KONE ;
- L'ordonnance modificative de la loi portant statut de la magistrature, au mépris de l'égalité des magistrats affirmée dans la Constitution et dans le statut de la magistrature, pour proroger de trois (3) ans l'âge de départ à la retraite pour seulement deux (2) personnes, vos compagnons d'infortune : le président et le procureur général de la cour suprême contre l'ensemble de la justice, debout comme un seul homme ;
- La collusion entre vous et ces deux premiers responsables de la cour suprême dans la procédure illégale contre feu Soumeylou Boubeye Maïga, BOUARÉ Fily SISSOKO et autres, dont les suites pourraient vous concerner, au moins, pour non-

assistance à personne en péril punie d'un emprisonnement d'un mois à trois ans ou d'une amende de 24.000 à 1 million de francs, peines portées au double lorsque l'infraction résulte d'une violation des obligations imposées par la fonction, la profession ou le métier, comme cela semble être le cas, et où, en tout état de cause, la peine prononcée ne peut être inférieure à un mois d'emprisonnement ferme. (Articles 220 et 221 du Code pénal). »

Au-delà de ces violations des lois, nous retenons la violation du statut de la magistrature par le ministre, magistrat de son état, ayant participé à porter atteinte à l'indépendance de la magistrature, de par sa participation à la commission de finalisation du fameux projet de « nouvelle constitution » par la modification de l'article 82 al1: « Les Magistrats ne sont soumis dans l'exercice de leur fonction qu'à l'autorité de la loi ». Ils ont substitué juges à magistrats pour donner dans l'article 132 al1 de la Constitution du 22 juillet 2023 : « Les juges ne sont soumis, dans l'exercice de leur fonction, qu'à l'autorité de la loi ».
Le comble est que l'article 133 ramena des dispositions du statut de la magistrature au niveau de la constitution qui redéfinissent la faute professionnelle, avec toujours la substitution de juge à magistrat.

Article 133 : « Tout manquement de la part du juge à ses devoirs d'indépendance, d'impartialité et de probité constitue une faute professionnelle grave passible de sanctions disciplinaires, sans préjudice, le cas échéant, de poursuites judiciaires ».
Le ministre de la justice n'était pas seul dans cette manœuvre, car, en compagnie de monsieur Wafi Ougadeye, Conseiller spécial du président de la Transition, rapporteur de la commission de rédaction de ce projet de constitution réducteur de l'indépendance de la magistrature. Alors

fraîchement ancien président de la Cour suprême, et expert dans la Commission Permanente Législative (CPL) chargée d'élaborer les avant-projets de lois du secteur de la justice, présidée par le Directeur National des Affaires Judiciaires et du Sceau (mon directeur) dont je suis le rapporteur général, monsieur Wafi Ougadeye, en qualité d'expert, ayant fait valoir ses droits à la retraite depuis seulement environ deux mois, a, lors de la session de la CPL du jeudi 17 février 2022, vainement tenté de conserver l'article 3 de l'avant-projet du statut de la magistrature ainsi disposé : « les magistrats du siège sont indépendants ».
Je m'en suis offusqué en arguant que ce serait compréhensible si cet agissement venait d'un représentant du pouvoir exécutif, et qu'il est intolérable qu'une telle proposition vienne d'un magistrat fut-il admis à la retraite. J'ai été suivi par l'assemblée, dont faisait partie monsieur le procureur général de la Cour suprême monsieur Mamoudou TIMBO, qui a retenu l'article 3 ainsi rédigé : « Les magistrats sont indépendants ».

J'étais loin de soupçonner que Monsieur Wafi Ougadeye, allait être promu, seulement un mois plus tard, Conseiller spécial du président de la Transition par décret n°2022-0201/PT-RM DU 29 mars 2022. C'était donc dans la continuité de la mission délibérée de démolition de l'indépendance de la magistrature qui sera achevée dans l'article 132 al1 de la nouvelle Constitution : « Les juges ne sont soumis, dans l'exercice de leur fonction, qu'à l'autorité de la loi ».
Cet article consacre l'intention de ses initiateurs d'attenter à l'indépendance de la magistrature, même s'il n'aurait rien changé dans le fond, car le magistrat du parquet n'est soumis à rien d'autre qu'à la loi également, si l'article 133 *sus évoqué ne cantonnait pas la faute professionnelle au juge au lieu du magistrat.* Si cette manœuvre est pour mettre

l'accent sur la hiérarchisation du magistrat du parquet, celle-ci est organisée par la loi, et les agissements du magistrat sont consignés dans les textes. Il ne peut opérer en dehors de la loi, sans s'exposer aux sanctions disciplinaires, pénales et/ou civile.

Alors, m'investir pour combattre cette atteinte à l'indépendance de la magistrature honore les articles 3 à 6 du code de déontologie, annexe au statut de la magistrature, et au-delà, les dispositions constitutionnelles de séparation des pouvoirs et d'indépendance du pouvoir judiciaire.

Pour revenir au « rapporteur » qui entend « sereinement analyser les faits », et concilier les vues différentes de Dramane DIARRA et du ministre de la justice, faudrait-il déjà qu'il fasse la différence entre une loi organique et une loi ordinaire et ne pas raconter tout ce qu'il a écrit. Je le cite : « Il importe de rappeler, ici, que la Loi n°02-054/ du 16 décembre 2002 portant statut de la magistrature est une loi organique, et il est connu que cette catégorie de loi a pour principe d'être prévue par la Constitution pour intervenir en complément de cet acte fondamental ».

Il y'a, au moins, deux contrevérités dans ce que le rapporteur écrivit ainsi :

1- La loi portant statut de la magistrature n'est pas une loi organique. Elle est une loi ordinaire. Elle découle de l'article 73- 5ème point : « La loi fixe les règles concernant : …Les crimes et délits ainsi que les peines qui leur sont applicables, la procédure pénale, la police judiciaire, l'extradition, l'amnistie, la création des juridictions, le statut des Officiers Ministériels, le statut des Professions juridiques et judiciaires ». (Article 115 de la nouvelle constitution).

2- Toutes les lois sont annoncées dans la constitution et complètent celle-ci. C'est pourquoi la Cour constitutionnelle a une mission de contrôle de constitutionnalité.

Le rapporteur dit que : « Toute personne a droit à la liberté de pensée, de conscience, de religion, de culte, d'opinion, d'expression et de création … » Que la Constitution définit, consacre, et selon les cas, garantit et protège les libertés publiques, tout en prévoyant, par ailleurs, que leur exercice ou leur jouissance s'inscrit dans le cadre des lois prises en complément de la Constitution ; Que c'est le cas des « droits individuels (liberté d'opinion ou de conscience), les droits politiques (comprenant les libertés de réunion ou d'association, lesquelles sont connues pour être de nature à déborder le domaine politique, en allant au-delà) ».

Nous comprenons aisément pourquoi le rapporteur se mêle les pinceaux concernant les droits et libertés en essayant de nous sortir une classification : droits individuels et droits politiques qui n'obéit à aucune classification en la matière, car tous les droits et libertés qu'il vient de citer sont des droits civils et politiques, individuels ou collectifs. Son exercice ressemble bien à une digression.

Nous en profitons pour lui faire quelques rappels en matière de droits et libertés.

Depuis 1966, la doctrine a distingué entre deux catégories de droits de l'Homme : les droits civils et politiques ou « droits-libertés » et les droits économiques, sociaux et culturels ou « droits créances » qui correspondent respectivement aux première et deuxième générations de droits. Cette distinction prend sa source dans les deux Pactes de 1966 (le Pacte International sur les Droits Civils et Politiques : PIDCP et le Pacte International sur les Droits Économiques, Sociaux et Culturels : PIDESC), sources internationales.

Les premiers (liberté d'expression, liberté religieuse, droit de ne pas être arrêté arbitrairement, droit à la vie…) seraient des « droits de » en ce qu'ils exigeraient essentiellement, pour leur satisfaction, une abstention de l'Etat.
Les seconds (droit de fonder une famille, droit à la sécurité sociale, droit au logement, droit à l'alimentation, droit à la santé, droit à l'éducation…) seraient des créances qui supposeraient, au contraire, une intervention active des pouvoirs publics, sous forme de fourniture de prestations (prestations sociales) ou de services (services publics). Par exemple, la liberté d'expression (droit de s'exprimer librement) est garantie si les pouvoirs publics s'abstiennent de toute censure, tandis que le « droit à la protection de la santé » suppose une intervention active de l'Etat par la construction d'hôpitaux, la prise en charge collective du coût des soins etc.

Cette distinction entre « droits de » et « droits à » a été critiquée pour finalement être dépassée. Il lui est préféré une autre typologie, forgée notamment par les arènes internationales de protection des droits de l'Homme et la nature des obligations des pouvoirs publics. Dans cette nouvelle perspective, tous les droits, quels qu'ils soient, imposent aux États une triple obligation de « « respecter », de « protéger » et de « réaliser » les droits.
Finalement la catégorisation des droits (trois générations) n'est pas étanche, elle peut même prêter à confusion. En 1993, la déclaration et le programme d'action de Vienne (Autriche) ont réaffirmé le principe selon lequel *les droits humains sont indivisibles, interdépendants et intimement liés.*

Par conséquent, *les droits humains rendent la démocratie apte à se défendre ou* « la démocratie militante. »

La lancée du ministre et du rapporteur n'est autre que la promotion de la dictature, inacceptable dans une République démocratique.
Je cite Stéphanie Hennette-Vauchez et Diane Roman dans « Droits de l'Homme et libertés fondamentales » où elles mettent en scène notre opposition par ce qui suit : Le mot terrible de Goebbels (« Cela restera toujours l'une des meilleures farces de la démocratie d'avoir elle-même fourni à ses ennemis mortels le moyen par lequel elle fut détruite ») est une réponse, à plus d'un siècle d'écart, à la formule de Saint Just : « pas de liberté pour les ennemis de la liberté ». Entre les deux extrêmes, la construction contemporaine de la démocratie a forgé le concept de « démocratie militante » ou « démocratie apte à se défendre ». Je me trouve à ce niveau. La démocratie militante donne la liberté à tous, y compris à ses ennemis mortels, mais elle ne permet pas à ceux-ci de la détruire.

Par ailleurs, dire que je ne conteste pas les faits qui me sont reprochés, alors que les faits sont inexacts, relève de la mauvaise foi. Tout repose sur les activités politiques alors qu'il n'y en a jamais eu comme démontré ci-dessus avec les articles 19 et 20 du code de déontologie annexe au statut et la définition des activités politiques. Ainsi des faits inexacts ne peuvent pas voir leur matérialité établie. Or des faits inexacts ou dont la matérialité n'est pas établie ne peuvent pas s'analyser en un manquement définit à l'article 71 du statut de la magistrature, c'est-à-dire, constitutifs d'un manquement aux devoirs de son état, à l'honneur, à la délicatesse, ou à la dignité.
Le rapporteur croit avoir trouvé la définition de la faute disciplinaire à travers l'article 71 de la loi portant statut de la magistrature quand il écrit que : « À cet égard, l'article 71 de la loi portant statut de la magistrature la définit

comme « Tout manquement par un magistrat aux devoirs de son état, à l'honneur, à la délicatesse ou à la dignité ».
Pour l'obligation de réserve, il se réfère au lexique des termes juridiques (« édition 2022-2023 ») définie comme une : « obligation qui pèse sur les fonctionnaires et sur les magistrats, et qui impose à celui qui y est soumis, tant dans l'exercice de ses fonctions qu'en dehors de ses fonctions. Un devoir particulier de loyalisme à l'égard de l'Etat et des autorités publiques, l'interdiction de toute parole, de tout écrit, de toute attitude qui se révéleraient incompatibles avec la fonction. Cette même définition du lexique des termes juridiques précise ceci : « cette obligation doit être respectée même dans l'exercice d'un mandat syndical. Le manquement à l'obligation de réserve est apprécié en fonction du poste occupé par le fonctionnaire ou le magistrat, du caractère et de la forme donnés à la manifestation critiquée. »
Dans son appréciation de cette définition par rapport aux faits, le rapporteur revient à notre participation à l'appel du 20 février 2023 pour sauver le Mali et les rencontres et visites effectuées dans ce cadre, pour dire que : « assurément le Magistrat Dramane DIARRA agit ouvertement comme le ferait un homme politique. Dès lors il fait de la politique, bien que de façon voilée, car menée sous la couverture syndicale ou associative, en transgressant les dispositions de la loi portant statut de la magistrature, notamment son article 12 ainsi libellé : « les fonctions de magistrat sont incompatibles avec toute autre activité politique publique ou privée » ainsi que les dispositions du code de déontologie des magistrats, notamment son article 19 ainsi conçu : « Toute activité ou toute délibération politique est interdite aux magistrats. »
Il appréhende mal la question, au regard de ses propres contradictions quand il dit que nous agissons ouvertement comme le ferait un homme politique et que nous faisons la

politique de façon voilée sous la couverture syndicale ou associative, sans nous dire : Qu'est-ce que faire la politique ? Pourtant il poursuit en concluant à une transgression, d'abord de l'article 12 du statut de la magistrature qu'il cite mal expressément : « Les fonctions de magistrat sont incompatibles avec toute autre activité politique publique ou privée ».

Cependant l'article 12 al1 du statut de la magistrature est réellement conçu comme suit : « Les fonctions de magistrat sont incompatibles avec toute autre activité politique salariée publique ou privée ». Cette disposition n'a rien a voir avec notre participation à un regroupement de Maliens de toutes obédiences pour demander le respect de la Constitution et des lois. Aucune fonction politique, encore moins salariée publique ou privée n'est exercée par qui que ce soit à travers ce regroupement de patriotes de divers horizons. D'autre part, il ramène la question à l'article 19 du code de déontologie « Toute activité ou toute délibération politique est interdite aux magistrats », qui s'avère inopérant aussi, en raison de l'énumération qu'il fait des activités ou délibérations politiques, ainsi que de la définition et de tous les éclaircissements apportés ci-dessus sur les activités politiques. Nous n'avons mené aucune activité politique au niveau de l'Appel du 20 février pour sauver le Mali.

Enfin, l'obligation de réserve ne s'apprécie pas par rapport à de telles démarches, mais par rapport à l'expression, comme nous le verrons dans le développement de la partie qui suit immédiatement.
Nous rappelons que le statut de la magistrature du Mali (loi n°02-054/DU 16 décembre 2002) et le code de déontologie en annexe sont une reprise parcellaire de l'Ordonnance n° 58-1270 du 22 décembre 1958 portant loi organique relative

au statut de la magistrature en France, et que la loi organique portant sur le CSM au Mali (loi organique n°03-033/DU 07 octobre 2003) s'est inspirée de la Loi organique n° 94-100 du 5 février 1994 sur le Conseil supérieur de la magistrature en France.

Si les réformes dans ces matières sont restées en l'état au Mali depuis 2002 et 2003, elles ont continué en France jusqu'à ce jour. En effet, l'article 20-2 de la loi organique n° 94-100 du 5 février 1994 confie à la formation plénière du Conseil supérieur de la magistrature le soin d'élaborer et de rendre public un recueil des obligations déontologiques des magistrats.

Issue de la réforme opérée par la loi organique du 5 mars 2007, la première édition de ce référentiel a été publiée en 2010, à la suite d'un important travail de conception et de concertation. Elle accompagne, depuis lors, l'exercice professionnel des juges et des procureurs.
C'est ainsi que les notions disciplinaires d'indépendance, d'impartialité, d'intégrité et de probité, de loyauté, de conscience professionnelle, de dignité, de respect et l'attention portés à autrui, et de réserve et discrétion ont été explicitées en 2010 par le CSM en France à travers l'élaboration du « Recueil des obligations déontologiques des magistrats » imbus des valeurs du magistrat que nous allons survoler.

- **L'Indépendance** :

L'indépendance du pouvoir judiciaire (autorité judiciaire en France) est un principe fondamental de valeur constitutionnelle, découlant du principe de séparation des pouvoirs. Elle constitue l'une des garanties de l'Etat de droit. Elle est, pour la société, la condition de sa confiance dans la justice. Elle est, pour le justiciable, la condition d'un procès équitable. Elle est, pour le magistrat, la condition de sa légitimité.

L'indépendance de l'institution judiciaire est assurée au premier chef par le statut des magistrats ainsi que par les moyens mis à disposition du pouvoir judiciaire. Elle dépend étroitement des conditions de leur recrutement, de leur nomination et du déroulement de leur carrière.

L'indépendance requiert aussi des magistrats un état d'esprit, un savoir-être et un savoir-faire qui doivent être enseignés, cultivés et approfondis tout au long de la carrière.

Les magistrats défendent l'indépendance de l'autorité judiciaire (pouvoir judiciaire au Mali). Elle leur impose d'agir et de statuer en application du droit et suivant les règles procédurales en vigueur, en fonction des seuls éléments débattus devant eux, libres de toute influence ou pression, sans avoir à craindre une sanction ni espérer un avantage personnel.
Les magistrats diligentent et conduisent les procédures, mènent les débats et rendent leurs décisions en toute indépendance.

Dans l'exercice de leurs fonctions, ils bannissent par principe et repoussent toute intervention tendant à influencer, directement ou indirectement, leurs décisions.

Gardiens de la liberté individuelle, ils appliquent les règles de droit, en fonction des éléments de la procédure, sans céder à la crainte de déplaire ni au désir de plaire au pouvoir exécutif, au pouvoir législatif, à la hiérarchie judiciaire, aux médias ou à l'opinion publique ou à toute autre organisation.

Dès qu'ils pressentent que des influences ou pressions, quelles que soient leurs origines, peuvent être exercées sur eux, ils recourent aux règles procédurales applicables (collégialité, co-saisine, etc.) et peuvent informer leur hiérarchie.

L'inamovibilité des magistrats du siège et le principe de l'avancement librement consenti constituent une garantie essentielle de l'indépendance des magistrats.

- **L'Impartialité** :

L'impartialité oblige le magistrat à se défaire de tout préjugé. Élément essentiel de la confiance du public dans l'institution judiciaire, elle constitue un droit, garanti par l'article 6 de la Convention de sauvegarde des droits de l'homme et des libertés fondamentales. Elle conditionne le respect du principe fondamental d'égalité des citoyens devant la loi.

Le magistrat doit se tenir à équidistance des parties, de manière à rester impartial et objectif dans l'exercice de ses fonctions. Il ne suffit pas qu'il soit impartial dans l'exercice de ses fonctions, encore faut-il qu'il apparaisse impartial.

L'impartialité concerne tous les magistrats du siège comme du parquet.
L'impartialité du magistrat implique que les modalités d'affectation au sein d'une juridiction reposent sur des critères objectifs et transparents, fondés sur ses seules compétences professionnelles et sa déontologie.

Les magistrats du siège

Le magistrat doit accueillir et prendre en compte tous les points de vue débattus devant lui, quelles que soient ses opinions personnelles, et faire abstraction de tout préjugé.

Le respect du principe de contradiction tout au long de la procédure concourt à l'impartialité de la juridiction devant laquelle la cause est appelée.
Dans son aptitude à écouter, ses réactions ou la formulation de ses questions, le magistrat veille à ne pas susciter chez le justiciable un sentiment d'inégalité de traitement. Il ne doit donner aucun signe d'approbation ou de désapprobation, ni commenter les interventions des conseils ou des représentants du ministère public.

Les magistrats du ministère public :

Le magistrat du parquet doit veiller dans la direction et le contrôle des enquêtes à ce que les investigations soient menées de manière impartiale, à charge et à décharge, dans le respect des droits de chacun.
En exerçant le contrôle de la proportionnalité des actes d'enquête et de la loyauté dans l'administration de la preuve, il démontre son impartialité.
Il en va de même dans l'exercice de l'action publique et des réquisitions qu'il prend pour l'application de la loi.

Les chefs de cour et de juridiction :

Les chefs de cour et de juridiction veillent au respect du principe d'impartialité par les magistrats du ressort de leur juridiction.
Lorsqu'un magistrat fait l'objet d'attaques, notamment médiatiques, mettant en cause son indépendance ou son impartialité, et portant ainsi atteinte à la confiance du public dans la justice, le chef de cour ou de juridiction examine et arrête les mesures les plus appropriées pour mettre fin à cette situation, notamment au vu des explications ou observations que le magistrat en cause aura pris soin de porter préalablement à sa connaissance.
Ces mesures peuvent prendre la forme d'un soutien personnel ou d'un soutien public au magistrat concerné.

La prévention des conflits d'intérêts :

Le magistrat a une obligation de vigilance afin de prévenir tout conflit entre les devoirs de son état et ses intérêts personnels ou ceux de ses proches.

Constitue un conflit d'intérêts toute situation d'interférence entre un intérêt public et des intérêts publics ou privés qui est de nature à influencer ou à paraître influencer l'exercice indépendant, impartial et objectif d'une fonction.

En vue de l'entretien déontologique, le magistrat s'interroge de manière sincère sur toute situation qui pourrait apparaître de nature à créer un conflit d'intérêts. Il tient compte, pour ce faire, de l'ensemble de ses intérêts ainsi que des intérêts ou activités de ses proches. Il se déporte, sans attendre une éventuelle récusation, chaque fois qu'une situation peut faire naître dans l'esprit des parties ou du public un doute légitime sur son impartialité tenant à l'existence d'un conflit d'intérêts.

Dans ses engagements personnels, le magistrat veille à concilier l'exercice légitime de ses droits de citoyen et les devoirs attachés à ses fonctions judiciaires. Il se comporte ou s'exprime en public avec prudence et modération.

- **L'Intégrité et la Probité :**

Le magistrat se doit d'être intègre pour se conformer aux devoirs de son état.

Le magistrat présente, dans son exercice professionnel et dans sa vie personnelle, les qualités d'intégrité qui le rendent digne d'exercer sa mission, légitiment son pouvoir et assurent la confiance en la justice. La probité, qui s'entend de l'exigence générale d'honnêteté, commande l'exercice professionnel, la conduite en société et la vie personnelle. La probité conduit le magistrat à s'interdire tout comportement sanctionné par la loi comme tout comportement indélicat.

Il veille à une bonne utilisation des ressources qui lui sont confiées pour l'administration de la justice sans usage abusif ou inapproprié.
Il s'abstient de solliciter des interventions indues pour une mutation, nomination ou promotion personnelle ou d'agir en vue d'obtenir un avantage pour lui-même ou pour autrui.
Il s'abstient de toute intervention qui ne s'inscrit pas dans les pratiques régulières de gestion des ressources humaines et qui vise à obtenir, par faveur, la promotion d'un magistrat ou sa nomination à un poste déterminé, hors les cas d'évaluation professionnelle, d'avis sollicité en vue d'une mutation ou pour l'accès à des fonctions intuitu personae.

Il s'interdit d'accepter des cadeaux ou faveurs pour lui-même ou pour ses proches, à l'occasion de ses fonctions juridictionnelles.
En dehors de celles-ci, les cadeaux ou faveurs reçus à raison de sa qualité de magistrat ne sont admis que dans la limite des usages internationaux ou institutionnels.

Il ne peut faire usage de sa qualité pour obtenir, pour lui-même, ses proches ou ses relations, des cadeaux, faveurs ou avantages de quelque nature qu'ils soient.
Il s'interdit d'utiliser cette qualité ainsi que tout support permettant de la déduire pour toute démarche d'ordre privé.
Le magistrat se doit d'être intègre pour se conformer aux devoirs de son état.

Le magistrat consacre l'essentiel de son temps d'activité professionnelle à l'exercice de l'ensemble de ses fonctions.

- **La Loyauté** :

Le magistrat, conformément à son serment, exerce ses fonctions avec loyauté et avec le souci de la dignité des personnes.

Le respect de la règle de droit

La règle de droit s'impose au magistrat. Son application loyale est une garantie contre l'arbitraire et assure l'égalité devant la loi. S'il ne peut se substituer au législateur, le magistrat a charge d'interpréter la loi.

Le respect de la légalité s'impose à tout magistrat dans sa mission constitutionnelle de gardien de la liberté individuelle et dans la limite de ses attributions.

La légalité s'entend des règles de droit applicables en France. Elle inclut les normes internationales introduites dans l'ordre juridique interne en vertu de la Constitution.
Le devoir de légalité impose en particulier au magistrat des obligations précises en vue d'assurer un contrôle vigilant et complet quand la liberté est en cause. Il en va ainsi notamment dans les domaines des contrôles d'identité, des interpellations, de la garde à vue, de la rétention, des perquisitions, de la détention, de l'interception des communications privées, de l'hospitalisation sous contrainte et des mesures de protection juridique et de sûreté.
L'obligation de loyauté exige du magistrat qu'il applique les règles de droit sans les outrepasser, les dénaturer, les contourner ou les détourner.

Le magistrat doit exercer lui-même l'ensemble des compétences qu'il tient de la loi, notamment à l'égard des services d'enquête. Il ne peut renvoyer à d'autres la responsabilité de dire le droit, qu'il s'agisse notamment d'experts, de médiateurs, de conciliateurs ou de collaborateurs de justice (juristes assistants, assistants de justice, stagiaires divers). Le magistrat ne peut écarter l'application de la loi au nom d'une idée de la justice qui relèverait de convictions personnelles.

Loyauté dans l'activité juridictionnelle

Le magistrat est, pour toutes les parties, le garant du respect de la procédure.

Il applique loyalement les principes directeurs du procès, notamment le principe de la contradiction et celui des droits de la défense. Il fonde ses décisions sur des éléments contradictoirement débattus en se gardant de tout a priori.
Il n'utilise pas de procédé abusif qui allonge les procédures ou diffère les décisions.
Dans sa décision, le juge doit procéder à une application loyale du droit, avec une égale considération pour les explications des parties.

Dans les procédures dont il a la charge, il doit refuser de prendre en compte les informations dont il a connaissance de manière officieuse.
Dans le respect de ces obligations, il conserve une entière liberté d'esprit pour élaborer sa décision.
Le magistrat informe les autres membres de la formation de jugement de faits le concernant personnellement, susceptibles d'affaiblir l'image d'impartialité qu'il doit offrir à l'ensemble des parties.
Le magistrat du parquet, dans l'ensemble de son activité professionnelle, et notamment dans la direction et le contrôle des enquêtes et le contrôle de l'activité des officiers et agents de police judiciaire, s'attache à respecter et faire respecter les principes de la procédure pénale et à rechercher, de manière objective, les éléments de preuve nécessaires à l'établissement de la vérité.

Loyauté dans les relations avec les autres magistrats et les fonctionnaires

Le magistrat a un devoir de loyauté à l'égard des chefs de juridiction et de ses collègues. Ce devoir s'exerce dans le respect de l'indépendance juridictionnelle de chacun.

Les règles statutaires et d'organisation judiciaire qui déterminent les rapports entre magistrats au sein des juridictions font l'objet d'une application loyale, dans le respect des missions et responsabilités dévolues aux chefs de juridiction comme des compétences et attributions des magistrats.
Le magistrat du parquet met sa hiérarchie en mesure d'exercer ses compétences, en l'informant loyalement sur l'existence et l'évolution des procédures.

Les chefs de cour et de juridiction ont le devoir de procéder contradictoirement à l'évaluation des magistrats, selon les règles statutaires.
Tout magistrat assume loyalement les charges qui lui sont confiées. Il en assume les contraintes de service et se soumet aux astreintes permettant le bon fonctionnement du service de la justice.

Les chefs de juridiction veillent au respect de cette obligation.
Les magistrats entretiennent entre eux des rapports loyaux, respectueux de leurs devoirs et de leurs compétences.

Le magistrat qui reproche son comportement à un autre magistrat s'interroge sur la possibilité de s'entretenir avec lui de ses griefs avant toute saisine de l'autorité supérieure. Celle-ci lui apporte toute l'écoute nécessaire.

Loyauté dans l'administration de la justice

Les chefs de juridiction assument l'organisation, l'administration et la gestion budgétaire des services du ressort dont ils ont la charge. Dans les cours et tribunaux, cette mission s'exerce de manière concertée dans le cadre de la dyarchie, avec le concours des directeurs de greffe et des services administratifs.

Dans le respect des procédures de consultation et d'information, le chef de juridiction veille à la répartition équilibrée des services et assure l'information de l'ensemble des magistrats.
Les magistrats, dans l'exercice de leurs fonctions, respectent les normes et bonnes pratiques en vigueur relatives à l'utilisation des fonds publics et à la gestion rigoureuse du service public de la justice.
Tout magistrat veille à ce que les moyens mis à sa disposition soient employés selon leur destination institutionnelle.
En matière de gestion des fonds appartenant aux justiciables, ou de conservation des biens placés sous-main de justice, tels que les objets saisis, le magistrat exerce avec rigueur les contrôles que la loi lui confie.
Lorsqu'il est appelé à intervenir dans les procédures d'accès à la magistrature, le magistrat délivre des attestations dans l'appréciation des mérites des candidats qu'il a personnellement constatés.

- **<u>La conscience professionnelle :</u>**

Compétence professionnelle et bonne administration

La compétence professionnelle du magistrat est l'une des garanties essentielles de la qualité du service qu'il assure. Sans cette compétence professionnelle, la justice ne peut obtenir la confiance du public indispensable à la légitimité de son action. Pour assurer cette compétence tout au long de sa carrière, le magistrat a une obligation de formation continue lui permettant de développer et d'actualiser les connaissances qui lui sont nécessaires, tant dans l'exercice de ses fonctions juridictionnelles que dans ses responsabilités de gestion, d'organisation et d'administration.

Tout magistrat a un devoir de compétence.

Le magistrat maintient sa compétence professionnelle tout au long de sa carrière. Il satisfait, à cette fin, à son obligation

de formation continue. Il lui appartient d'actualiser ses connaissances et de réinterroger ses pratiques. La formation continue lui permet de mieux prendre en compte tant les évolutions juridiques et techniques affectant le traitement des affaires que l'environnement social, économique et culturel des contentieux dont il a la charge. En cas de changement de fonction, il suit les actions de formation, individuelles ou collectives, lui permettant de maintenir sa capacité professionnelle.
La hiérarchie encourage et facilite, par tous les moyens mis à sa disposition, l'accès du magistrat aux moyens de formation, en tenant compte des nécessités de service, dans la répartition des tâches, missions et affectations. Elle prend en compte les actions de formation dans l'évaluation des magistrats.

Efficacité et diligence

Il appartient au magistrat d'exercer avec diligence les missions qui lui sont confiées et, le cas échéant, d'alerter sa hiérarchie sur les obstacles qu'il pourrait rencontrer dans l'exercice de ce devoir de diligence avant une dégradation trop importante du service.

Le magistrat traite toutes les affaires dont il est saisi, sans retard et sans en négliger aucune, dans la mesure des moyens dont il dispose. Le magistrat agit avec diligence dans un délai raisonnable.

Le respect, par le magistrat, de cette obligation, conditionne la confiance du justiciable dans la justice et évite le risque, pour l'État, d'une action en indemnité.

Il veille à concilier la gestion des flux et le traitement des affaires avec l'exigence du délai raisonnable, le respect des règles procédurales et de fond, et la qualité du service rendu au justiciable. Le magistrat dit le droit dans le délai prévu, quelles que soient les éventuelles imperfections, contradictions ou lacunes de la loi.

- **La dignité**

Le devoir de dignité procède du serment. Il impose, à l'égard des tiers, des collègues et collaborateurs, une conduite et des propos conformes à l'état de magistrat.

Le magistrat doit s'abstenir d'utiliser dans ses écrits, comme dans ses propos, des expressions ou des commentaires qui, en raison de leur forme ou de leur caractère excessif, sont de nature à porter atteinte à l'image de la justice.

La liberté juridictionnelle n'autorise pas l'emploi de termes contraires à la dignité.

Le magistrat a droit au respect de sa vie privée. Néanmoins, dans son expression et son comportement publics, il s'oblige à la prudence, afin de ne pas porter atteinte à la dignité de sa fonction et à la crédibilité de l'institution judiciaire.

Le magistrat doit être conscient que, même si certains procédés de captation sont illicites, les moyens de diffusion actuels permettent de rendre publics ou relayer des paroles, des écrits, des images ou des actes qui n'avaient pas initialement cette vocation.

- **Le respect et l'attention portés à autrui**

Le magistrat entretient des relations empreintes de délicatesse avec les justiciables, les témoins, les auxiliaires de justice et les partenaires de l'institution judiciaire, par un comportement respectueux de la dignité des personnes et par son écoute de l'autre. La délicatesse s'entend du comportement d'une personne qui manifeste des qualités de réserve, de discrétion et de prévenance envers autrui.

Le respect du justiciable

Le magistrat s'interdit d'utiliser, dans ses écrits comme dans sa communication verbale ou non verbale, des gestes, des propos, des expressions ou commentaires déplacés, condescendants, vexatoires, discriminatoires, agressifs ou méprisants.

Lorsqu'elle est requise, la publicité des débats est une garantie du bon déroulement de l'audience. Le magistrat ne tolère pas qu'elle se transforme en spectacle ou soit déviée de son office. Il fait respecter les règles élémentaires de politesse par les parties, les avocats et le public.

Le magistrat du siège, qui conduit la procédure ou dirige des débats judiciaires, et celui du parquet, qui exerce l'action publique ou intervient en matière civile, le font avec une autorité respectueuse des personnes.

Un magistrat, témoin à l'audience de propos discriminatoires et/ou pénalement répréhensibles, les fait cesser et les fait consigner, afin que toutes les conséquences nécessaires puissent en être tirées.

Le président a un devoir général d'explication. Il veille à ce que chaque justiciable ait bien compris le rôle respectif de chaque professionnel.

Le respect des autres professionnels de justice

Dans l'exercice de ses fonctions d'autorité, le magistrat respecte ses interlocuteurs, notamment les magistrats et les fonctionnaires de greffe et l'ensemble de ceux qui concourent à l'œuvre de justice.

Le magistrat respecte et fait respecter la fonction du greffier qui, garant de la procédure, atteste la réalité de son action et

de ses propos, dont il est le témoin statutaire. La présence du greffier, a fortiori lorsqu'elle est prévue par la loi, est une sécurité pour les personnes qui comparaissent, comme pour le magistrat lui-même.
Le magistrat assure une présence au sein de la juridiction adaptée aux nécessités du service, aux contraintes du greffe et à celles des autres professionnels de la justice.
Les chefs de juridiction s'assurent du respect des fonctionnaires et des auxiliaires de justice par les magistrats placés sous leur autorité, et réciproquement.
Le magistrat veille à ce que les auxiliaires de justice puissent exercer la plénitude de leurs attributions légales. Il respecte leur secret professionnel.

À l'audience et pour ses rendez-vous, la ponctualité, le respect de l'autre, notamment magistrats, avocats, justiciables, sont des conditions de la sérénité de la justice.
Le président d'audience veille à la police de l'audience et à la gestion du temps de l'audience en s'assurant que chacun, ministère public, partie civile, défense, témoins et experts, ait la possibilité de s'exprimer à son tour librement hors de toute pression ou manœuvre d'intimidation.
Le président veille au respect de la collégialité et à l'expression de chaque magistrat qui dispose d'une voix et il se plie à la décision de la majorité. Il anime le délibéré.
L'anonymat que confère le secret du délibéré et qui interdit toute recherche de responsabilité individuelle, n'autorise pas d'abus d'autorité de la part d'un magistrat.

L'attention à autrui et à la collectivité de travail

L'attention aux autres exige une disponibilité d'esprit et une réelle capacité à se remettre en cause en acceptant, par avance, le risque d'être critiqué.
L'attention aux autres est une qualité attendue du magistrat, qui s'entretient et fait partie de sa formation.

Le magistrat veille à ce que ses propos et ses écrits soient intelligibles pour tous, quels que soient leur culture, leur situation ou leur état.
À l'audience et pendant le délibéré, le magistrat adopte une attitude d'écoute lors des interventions de ses collègues (lecture du rapport, réquisitions du parquet, avis lors du délibéré...), des plaidoiries des avocats ou déclarations des parties. Il reste vigilant, tout en veillant au bon déroulement des débats, et évite toute manifestation d'impatience, montrant, en toute circonstance, une autorité sereine.
La liberté des parties et de leurs conseils de choisir un mode de défense trouve toutefois sa limite dans l'obligation qui incombe au magistrat de veiller, avec impartialité, au respect des personnes et à la dignité du débat judiciaire.

L'attitude du magistrat reste, en toutes circonstances, empreinte de neutralité. Il ne laisse pas transparaître de sentiments personnels, de sympathie ou d'antipathie, vis-à-vis des personnes impliquées dans les causes dont il a à connaître. Le magistrat s'attache à favoriser les conditions d'une écoute réciproque de qualité et agit avec tact et humanité. Les manquements d'un auxiliaire de justice à ses devoirs propres ne sauraient affranchir un magistrat des siens.

Dans les procédures longues et complexes, le magistrat demeure vigilant, se garde de toute opinion arrêtée et conserve une attitude d'écoute attentive, même aux déclarations tardives. Le magistrat se doit de participer à la vie de la juridiction.

- **La réserve et la discrétion**

Le magistrat veille, par sa discrétion et sa réserve, à préserver l'image de la justice.

Dans son expression publique, le magistrat fait preuve de mesure afin de ne pas compromettre l'image d'impartialité de la justice, indispensable à la confiance du public.
Cette exigence s'impose quel que soit le moyen de communication utilisé.
Toute manifestation d'hostilité au principe et à la forme du Gouvernement de la République est interdite aux magistrats, de même que toute démonstration de nature politique incompatible avec la réserve que leur imposent leurs fonctions.

Le magistrat s'exprime librement dans les limites de son statut.
Le magistrat reste tenu par ses obligations déontologiques lorsqu'il exerce les droits légitimement reconnus à tout citoyen.

Le devoir de réserve est le même pour les magistrats du siège et du parquet.
En dehors des communications institutionnelles propres à la juridiction et des communications à caractère scientifique ou pédagogique, le magistrat ne commente pas ni n'ajoute à ses propres décisions qui, par leur motivation, doivent se suffire à elles-mêmes. Il ne dénigre pas les décisions juridictionnelles de ses collègues, dont la contestation relève de l'exercice des voies de recours.

Le magistrat, tenu au secret professionnel et au secret du délibéré, respecte la confidentialité des débats judiciaires et des procédures évoquées devant lui ; il ne divulgue pas les informations dont il a eu connaissance, même sous forme anonyme ou anecdotique.

Le magistrat doit faire un bon usage des moyens de communication, afin notamment de permettre une meilleure compréhension de l'action de la justice. Dans ses relations avec les médias, il fait prévaloir une communication institutionnelle ouverte et publique, et ne dénigre pas l'institution ou ses collègues, y compris sous une forme anonyme. En aucun cas, la communication ne doit être détournée à des fins de promotion ou d'intérêts personnels.

Conclusion du recueil :

De manière générale, le respect des obligations déontologiques définies au présent Recueil doit conduire le magistrat à se référer à un principe général de prudence afin d'éviter de manquer aux obligations de son état.
Au-delà de ce principe de prudence, les obligations déontologiques du magistrat ne sauraient être circonscrites à la prévention des fautes et des manquements. La déontologie du magistrat doit, au premier chef, être animée par le souci de l'indépendance et de la qualité de la justice dont elle constitue le socle.

Les Incompatibilités, interdictions, devoirs du magistrat alignés par le rapporteur sans démontrer à quoi ils sont liés, c'est-à-dire l'exercice de la fonction judiciaire, viennent d'être étudiés dans ces valeurs du magistrat évoquées dans le recueil déontologique Français.

Sinon, même dans la vie courante, comme déjà rappelé dans un passage précédent, ma dignité, mon intégrité, ma probité, mon impartialité, ma délicatesse font l'unanimité. C'est pourquoi je peux parler à tout le monde, la tête haute. C'est cela qui m'a permis de parler au peuple sur la justice, de son appartenance au peuple, de son fonctionnement, de ses pouvoirs, de la nécessité de la renforcer, de son devoir de redevabilité envers le peuple, pendant des années, comme si j'étais le seul magistrat de la République, au moment où il n'était pas donné à n'importe quel magistrat de s'afficher sans être lynché. Mon plaidoyer a rapproché la justice au peuple au nom de qui elle est rendue. Par exemple, lors de la grève illimitée de 2017 des magistrats, où j'étais secrétaire aux relations extérieures du Syndicat Autonome de la Magistrature (SAM), de par mon action et mon aura, presque tous les corps sociaux de notre pays et des personnalités indépendantes (rappeur, partis politiques, organisations de la société civile, leaders religieux, même l'assemblée nationale dominée par le parti au pouvoir par une délégation conduite par son 1er vice-président ...) sont venus apporter leur soutien, généralement au siège du SAM). Il n'y a pas de précédent en République du Mali pour des faits de grève. Les résultats ont été immédiats, une augmentation des primes et indemnités à hauteur de 250.000 francs CFA et dont la suite logique a été l'augmentation de l'indemnité de judicature le 10 août 2020 d'au moins 1.000.000 FCFA. Sinon l'année suivante, il y'a eu une autre grève illimitée de plus de trois mois à laquelle je n'étais pas associée, qui n'a enregistré le soutien de personne. Au contraire, elle a accentué le dédain envers la magistrature au-dedans du Mali et au-dehors.

C'est pourquoi les problèmes et les déconvenues de la magistrature se font dans les juridictions. Je n'y suis pas. Je n'ai jamais été un problème dans la justice. J'ai plutôt été toujours une solution, un exemple rare, difficile à suivre, car j'avais un parcours déjà enviable dans la société avant d'être magistrat. Un parcours de patriote, de démocrate, de panafricaniste, d'homme au service du peuple. J'ai commencé à représenter mon pays dans des événements à l'étranger dès mes 24, 25 ans et souvent seul, où on m'appelait souvent Mali. Là où la plupart de mes compatriotes ont attendu leurs 40 à 50 ans pour un tel

honneur et privilège. Oui, je suis un exemple et une chance pour la magistrature.
Il doit être précisé que les Syndicats de Magistrats ne relèvent pas du statut de la magistrature. Ils sont encadrés, comme tous les autres syndicats, par la Constitution : (article 20 de la Constitution de 1992 et 19 de la Constitution de 2023 : « La liberté syndicale est garantie. Les syndicats exercent leurs activités sans contraintes et sans limites autres que celles prévues par la loi »), et l'article L234 du Code du travail, d'une part, et les dispositions des conventions fondamentales de l'Organisation Internationale du Travail (OIT) n°87 du 9 juillet 1948 sur la liberté syndicale et celle du 1er juillet 1949 sur le droit d'organisation et de négociation collective, d'autre part. Des trois syndicats de magistrats, seul le nôtre (RÉFÉRENCE SYNDICALE DES MAGISTRATS - REFSYMA) est conforme avec un certificat de conformité délivré à sa création.

En revanche, seules les associations professionnelles de magistrats sont admises par le statut de la magistrature (article 22 alinéa 3 du code de déontologie : « Les Magistrats peuvent s'organiser en associations professionnelles »). A ce niveau également la seule association professionnelle de Magistrats au Mali est l'Association Malienne des Procureurs et Poursuivants (AMPP) affiliée à l'Association Internationale des Procureurs et Poursuivants (AIPP).

Par conséquent, le harcèlement entrepris par certains milieux judiciaires avec leurs comparses politiques envers nos structures est arbitraire et injustifié. Il est inadmissible d'adouber les structures illégales pour s'en prendre à celles en phase avec la loi.

S'agissant d'une prétendue opposition à la Transition :

Vous ne pouvez pas confondre les dénonciations de violations de la Constitution et des lois de la Républiques à l'opposition à des autorités. Je suis l'un des Maliens qui ont plus contribué à cette Transition par des propositions, et cela, moins de 48 heures, après le coup d'Etat, le jeudi 20 août 2020 lors d'un débat sur la radio Klédu (l'élément audio existe).

Le Comité National pour le Salut du Peuple (CNSP) a promis une transition civile dans sa première déclaration et un retour rapide à l'ordre constitutionnel. Mais les déclarations faites ce jeudi 20 août 2020 sur les antennes de la Radio France Internationale : « le président de la Transition peut être militaire ou civil », étaient contradictoires et provoquaient polémique, inquiétudes et interrogations.

Lors dudit débat, j'ai relevé que la Constitution n'était pas suspendue, encore plus, dissoute, car nous sommes en République et en Démocratie avec la Constitution en place ; Qu'en démocratie, le pouvoir militaire est toujours en dessous du pouvoir civil, qu'ainsi la transition qui s'annonce devrait être dirigée par un civil. Mais qu'au regard de la situation presque de guerre de notre pays, afin que les décisions politiques ne soient pas en déphasage avec celles militaires, qu'il fallait instituer un vice- président militaire chargé des questions de défense et de sécurité, proposer une charte de la transition, un Conseil de Transition pour légiférer, un gouvernement, rassembler les Maliens, refuser les associations de soutien, etc. Aussi, j'ai proposé une durée de deux (02) ans, permettant de prouver que le pays peut être gouverné autrement et pour agir sur les mauvaises habitudes (gouverner par l'exemple). Ce sont mes recettes qui ont contribué à faire asseoir cette Transition. Mais plus tard, les autorités de la Transition ont mis les Maliens en clans, au lieu de les rassembler, pour, plus tard, appeler certains de bons citoyens et d'autres de mauvais citoyens. Pour preuve, le premier ministre avant de mettre son gouvernement en place a rencontré deux syndicats de la magistrature (SAM et SYLIMA), en excluant la REFSYMA. Les résultats ont été immédiats : les membres de ces syndicats rencontrés sont, au moins, trois (03) au gouvernement et plusieurs autres au Conseil National de Transition (CNT). Donc ces autorités, en compagnie de magistrats, sont leur propre opposition, en voulant régler des comptes à certains magistrats, d'une part, et d'autre part, imposer la pensée unique en démocratie, tout en divisant les citoyens. Le droit de contester est un droit inhérent à la démocratie. Je suis un expert en matière d'élection et de démocratie depuis vingt-six à vingt-cinq ans, bien avant d'être magistrat. Je dois partager cette connaissance avec mes concitoyens et en faire profiter le pays entier.

Alors, le rapporteur qui cède a ce chant de sirène me qualifiant d'opposant aux autorités, sait pertinemment que je m'oppose plutôt à l'arbitraire. Ce fut le cas quand lui-même, secrétaire général du syndicat autonome des administrateurs civils, avait été objet de cabale et de harcèlement des autorités d'alors, jusqu'à être menacé de suspension, pour raisons syndicales. C'est nous, en tant que syndicalistes, qui avons le plus dénoncé ouvertement ces pratiques, contribuant à dissuader les autorités de parvenir à leur fin. Avant, le 24 janvier 2019 il avait démissionné de son poste de Directeur aux affaires administratives et juridiques du Gouvernorat de Kayes avec la nomination d'un contrôleur général de police comme Gouverneur, en dénonçant « la militarisation du corps des administrateurs civils », conformément aux résolutions du 5ème congrès ordinaire de son syndicat qui venait de se tenir, et déclarant que par conscience et par conviction personnelle : « Je me fais le vœu de ne jamais servir dans la représentation de l'Etat, sous l'autorité d'un corps habillé quel que soit son grade ou sa compétence. » C'est ce Ousmane Christian DIARRA que nous avons connu et défendu. Aujourd'hui, il est directeur national de la fonction publique. Gloire à DIEU. Mais il semble avoir perdu son âme. Le constat est ce rapport vide à tout point de vue, truffé d'incohérences et d'inexactitudes jusqu'aux supposés faits y relatés, leur qualification tronquée, mais teintée d'une volonté inouïe de nuire, sans aucune base légale.

Les problèmes de la justice Malienne aujourd'hui ne sont pas des questions d'expression. La justice est minée par sa soumission au pouvoir politique, sa réceptivité à tous genres de pressions et d'interférences, par l'arbitraire, par des violations graves des règles de procédures, la corruption où des enquêtes d'opinion la classe au premier rang, des abus de droit notoires (gardes à vue illégales et détentions arbitraires), le manque avéré de diligence dans l'accomplissement des missions, le déni de justice, etc.
Ces faits sont commis ou tolérés par des magistrats. Ce sont eux le mal de la magistrature et de la justice. Ce sont eux qui doivent comparaître devant le Conseil Supérieur de la Magistrature, pas nous.
En effet, je n'ai jamais été associé à ces pratiques quand j'étais dans des fonctions judiciaires. Alors ce n'est pas aujourd'hui où je n'exerce aucune fonction judiciaire qu'on initie cette mascarade et parodie de procédure me concernant.

Enfin, en ce qui concerne les conclusions du rapport, nous retenons que :

1- S'il y'aurait une confusion faite entre la faute professionnelle et la faute disciplinaire, c'est bien une confusion entretenue par le rapporteur et non par moi. Sauf qu'il ignore que certaines dispositions du code de déontologie, comme l'article 20, évoquées par lui, au soutien d'accusations pour faute disciplinaire, renferment des éléments (fonctionnement des tribunaux, éléments fondamentaux de l'administration de la justice, indépendance de la magistrature) qui renvoient au traitement des questions relatives aux fautes professionnelles (violation grave des règles de procédure, abus de droit notoire, manque avéré de diligence dans l'accomplissement de sa mission).
Ce n'est pas tout, le comble est que, depuis la promulgation de la Constitution le 22 juillet 2023, la faute professionnelle ne peut être retenue que contre « les juges », conformément à l'article 133 : « Tout manquement de la part du juge à ses devoirs d'indépendance, d'impartialité et de probité constitue une faute professionnelle grave passible de sanctions disciplinaires, sans préjudice, le cas échéant, de poursuites judiciaires ». Cette disposition constitutionnelle est en conflit avec l'article 71 du statut de la magistrature portant sur les fautes disciplinaires et professionnelles. Elle en modifie non seulement le champ, mais substitue surtout juge à magistrat dans la définition des fautes professionnelles ».

2- Il dit qu'en dehors des cas où le magistrat Dramane DIARRA a participé à des débats publics portant sur des questions concernant directement le fonctionnement des tribunaux, l'indépendance de la magistrature, ou des éléments fondamentaux de l'administration de la justice, il convient de relever que le Magistrat Dramane DIARRA, s'est adonné à des activités politiques qui lui sont interdites, notamment :

a/ en participant à la création et à l'animation du regroupement dénommé « APPEL DU 20 FÉVRIER 2023 pour sauver le Mali » ;

b/ en formulant ouvertement des critiques inappropriées à l'endroit du président de la transition, qualifié d'illégitime par les membres de « APPEL du 20 février 2023 » motif pris de ce qu'il n'a pas le titre de président de la République ;

c/ en utilisant ce même motif, pour dénier au Président de la Transition le pouvoir d'initiative visant à faire élaborer une nouvelle Constitution, et en battant campagne, dans le cadre des activités, du même regroupement dénommé « Appel du 20 février 2023 », pour en faire échouer la tentative ou en faire rejeter son adoption par la voie du référendum.

En réponse à ce deuxième point,
Je retiens qu'il écorche encore une fois l'article 20 du code de déontologie qui ne vise pas tous les débats publics, mais plutôt des débats publics politiques qui admettent l'intervention du magistrat sur les sujets sus évoqués. Mieux, le rapporteur ne donne aucun exemple de débats publics où j'aurais parlé d'autres sujets que le statut de la magistrature ne m'y autorise, encore moins un seul fait, à cet effet.
Pour la définition des activités politiques, je pense que le rapporteur s'en souviendra comme ayant été son cauchemar pendant cette procédure. Tout le monde est bien servi à ce propos. Il est évident que je n'ai accompli aucune activité politique.

a/ L'Appel du 20 février n'est pas un parti politique, encore moins, un regroupement de partis politiques qui sont régis

rigoureusement par la Charte des partis politiques, comme suffisamment abordé ci-haut.
Individuellement ou collectivement, chaque citoyen a le droit d'être favorable ou défavorable par rapport à un projet de constitution. D'ailleurs, la coordination des organisations de l'Appel du 20 février 2023 pour sauver le Mali a participé à un regroupement plus large appelé « Front Uni Contre le Référendum » qui a cessé d'exister après la promulgation de la Constitution.

b/ si des membres de l'appel du 20 février 2023 pour sauver le Mali ont déclaré que le Président de la Transition est illégitime parce qu'il n'est pas Président de la République, ceci est loin d'être une critique. C'est parce qu'ils ont lu dans la Constitution que la légitimité s'acquiert par le suffrage du peuple, qui exerce la souveraineté nationale par ses représentants ou par referendum ; Que le président de la République est élu au suffrage universel direct et qu'il n'est rééligible qu'une fois, suivant l'article 30 de la Constitution de 1992 et 45 de la Constitution de 2023. Même le président de la Transition lui-même ne va pas contester cet état. Aucune institution de la Transition ne mentionne « Président de la République » en évoquant le président de la Transition, chef de l'Etat. J'observe que vous êtes plus royaliste que le roi et que vous êtes dans des affirmations sans aucune base légale, si ce n'est par mépris à la Constitution et aux lois.

c/ D'abord nous profitons pour rappeler qu'aucune disposition de la Constitution de 1992 visée dans tous les actes réglementaires pris par le Président de la Transition, ne lui autorisait à initier l'élaboration d'une nouvelle Constitution.
Aussi, aucun amalgame n'est possible entre le processus d'élaboration de projet de constitution et de référendum en 1992, et le processus arbitraire de 2022-2023 visant comme référence la constitution en vigueur sans pouvoir s'y rattacher,

et ne pouvant, du reste, s'attacher à aucune loi, à aucun acte juridique.

Le pouvoir constituant n'est autre chose que le pouvoir d'élaborer et modifier une Constitution. Il y'a deux types de pouvoir constituant, en effet :

- Le pouvoir constituant dérivé étant le pouvoir de réviser, de modifier la Constitution suivant une procédure prévue par elle ;
- Le pouvoir constituant originaire est le pouvoir de faire, d'établir, de créer une nouvelle Constitution. Cela suppose une disparition de l'Ordre juridique précédent, comme en 1991. D'où la nécessité de créer un nouvel ordre, à travers la mise en place d'une assemblée constituante, élue par le peuple (Chambre unique composée de membres élus par les citoyens, chargée de rédiger un nouveau texte constitutionnel). Ce n'était nullement le cas au Mali en 2022-2023.

Par conséquent, ni le Président de la Transition, qui n'est pas Président de la République, donc ne jouissant d'aucune légitimité, encore moins les « Assises Nationales de la Refondation » ni élus, ni ayant mission de rédiger un projet de nouvelle Constitution, ne peuvent être titulaires ou détenteurs de pouvoir constituant, tant que la Constitution demeure en vigueur.

À partir de ce moment, il était loisible pour chaque citoyen, individuellement ou collectivement de sensibiliser ses concitoyens pour le meilleur choix qui déterminera l'avenir du Pays, conformément à la Constitution et à d'autres lois de la République.

3- Le rapporteur trouve que : « Il s'en suit qu'une faute disciplinaire mérite donc d'être retenue à la charge du Magistrat Dramane DIARRA ».

Convaincu qu'aucun fait ne peut caractériser une faute disciplinaire contre moi, le rapporteur ne précise ni le fait, ni la nature de la faute disciplinaire. C'est la preuve suffisante qu'aucune faute disciplinaire ne peut être retenue contre moi, car j'ai agi dans le respect strict de la déontologie et la discipline du magistrat et conformément à la loi fondamentale et d'autres lois de la République.

4- Le rapporteur rappelle les sanctions de la faute disciplinaire prévues à l'article 72 de la loi n°02-054/ DU 16 décembre 2002 portant statut de la magistrature, allant de la réprimande avec inscription au dossier à la révocation avec ou sans suppression de droit à pension, en passant par le déplacement d'office, le retrait temporaire de certaines fonctions, l'abaissement d'échelon, et la rétrogradation.

Ensuite, il laisse le soin au Conseil de discipline le choix de la sanction. Ceci, parce qu'au regard des motifs insoutenables du rapport il ne pouvait s'hasarder à rechercher une proportionnalité de la sanction par rapport à une faute imaginaire.
Le CSM doit caractériser les faits susceptibles de revêtir une qualification disciplinaire retenue à l'encontre du magistrat. À cet effet, le plaignant ou des témoins peuvent être entendus par la formation disciplinaire. Je rappelle que j'ai vainement demandé une confrontation avec le ministre de la justice au moment de l'enquête, au regard de toutes les contrevérités véhiculées dans ce dossier. Il peut être temps encore de satisfaire à cette demande.
Aussi, après la caractérisation, il doit y avoir une proportionnalité entre la faute et la sanction. Même si la concordance entre les fautes et les différentes sanctions disciplinaires est une insuffisance dans nos textes, on observe un amalgame du Conseil Supérieur de la Magistrature en

sanctionnant les fautes les plus banales « fautes disciplinaires » des sanctions les plus graves (révocation), comme dans un récent dossier. *Le Conseil Supérieur de la Magistrature ne sait-il pas que les fautes professionnelles sont plus graves que les fautes disciplinaires ?* Parce qu'en plus de recevoir des sanctions disciplinaires, les fautes professionnelles exposent à des poursuites pénales ou civiles éventuelles.

Enfin, pour cette question de projet de « nouvelle constitution » il était du devoir de tous de s'y mêler, sauf ceux qui n'avaient rien à dire. Au niveau de la justice, notre syndicat (la REFSYMA) s'y est mêlé, le Syndicat Libre de la Magistrature (SYLIMA) s'y est mêlé, le Conseil supérieur de la Magistrature, à travers ses membres élus, s'y est mêlé, etc. Mais la force de notre argumentation, son assise légale, sa persuasion et sa clarté ont éteint les velléités de ceux qui ont œuvré dans l'illégalité. Voilà la seule raison d'être de cette « procédure » illégale et légère, vouée à l'échec.
Par conséquent, que reste-il de votre dossier ? Rien.

Que je sois donc absous pour continuer de servir ma patrie, ses citoyens et sa justice, du mieux que je peux.

Je vous salue !
Bamako le 19 septembre 2023

Dramane DIARRA
Magistrat

Le document préparé pour le fond des débats, qui devrait être lu et commenté, comme pour les exceptions, constitue la deuxième partie ci-dessus.

TROISIÈME PARTIE

LE COMPTE RENDU D'AUDIENCE ET LES DÉCISIONS

1 – COMPTE-RENDU D'AUDIENCE DE CONSEIL DE DISCIPLINE DU MARDI 19 SEPTEMBRE 2023

- **Début 10 h 50 minutes.**
  Procureur général de la Cour Suprême : Que la session se passe dans la courtoisie le respect de la loi. Puisque la formation ne peut siéger qu'en présence de douze membres, nous avons pu réunir plus de douze. Avant, s'il y'a des observations In limine litis.

- **Me Boubacar DIARRA, Avocat, Conseil de Dramane DIARRA** : en notre qualité de conseil de Dramane appelé ce jour, nous avons des exceptions concernant l'incompétence des intervenants, de la formation de ce jour, des récusations des membres élus, de l'inspecteur en chef des services judiciaires et du Directeur national de l'administration de la justice, ainsi qu'en question préjudicielle qui se rapportera sur l'inconstitutionnalité du président de la Transition comme président du Conseil Supérieur de la Magistrature. Pour le développement de ces points, nous donnons le soin au magistrat Dramane DIARRA, lui-même.

- **Dramane DIARRA** : monsieur le procureur général, nous espérons aussi que les débats seront emprunts de courtoisie et de respect. Nous observons qu'il a fallu attendre 50 minutes pour avoir ce quorum. Aussi j'ai reçu des documents qui n'ont pas de contenu uniforme.

Puis, il commença à lire et commenter le document écrit portant conclusions sur les exceptions préalables et préjudicielles.

Le secrétaire général du Gouvernement arrive à 11 h 06 mn, parce qu'il avait envoyé une dame pour le représenter qui a dû être récusée. D'où ce retard conséquent.

Mon intervention dans le développement des exceptions est suspendue justement par le Procureur général pour introduire le Secrétaire général du gouvernement et pour lui expliquer tout ce qui s'est passé avant lui. (Une mise à niveau en pleine audience ?)

Au titre des récusations, bien que j'ai annoncé au début de la lecture de l'intervention du porte-parole des membres élus du CSM en date du vendredi 7 avril 2023, lors de leur audience avec le président de la Transition, (transcrite littéralement) que j'allais procéder à la lecture vidéo/audio en fin de lecture de la partie, après quelques secondes de lecture audio de l'élément, le Procureur général m'a interrompu pour dire qu'il avait souhaité au départ qu'on fasse tout dans le respect. Mais que j'ai commencé à jouer l'élément sonore, sans en demander l'autorisation.

Mon avocat a dit que j'avais annoncé la lecture audio. Mais que nous demandions donc son autorisation.

J'ai ajouté qu'il ne s'agit pas d'un manque de respect, que c'était dans la suite logique, pour moi, du moment où je l'avais annoncé et que c'était un élément de moins de 2 minutes. Et qu'il s'agissait de conforter ma transcription. Que sinon, comme il me connaît, dire la vérité crue fait partie de mon être.

Le Procureur général a répondu qu'on peut s'en passer et qu'ils me croient.
Dans la suite de la lecture, quand j'ai évoqué la position du SYLIMA qui était contraire à celle des membres élus du

CSM sur l'ouverture de cet organe pour moitié à d'autres personnes en dehors du corps des magistrats, avec à l'appui le communiqué du 1er mars en attestant, Amadou Diadié TOURE, un membre du Conseil, a cru bon de demander une « motion » pour tenter vainement de dire que nous étions déjà dans le fond.
J'ai rétorqué que même dans la forme, surtout la récusation il y'a lieu de motiver.

Fin de présentation à 11 h 49.

Me Boubacar DIARRA, Avocat : c'est le droit qui comparaît devant le droit, la loi qui comparaît devant la loi, le juge qui comparaît devant le juge. Tout cela, nous espérons que le droit sera dit. Il est important d'attirer l'attention sur les catégories de préalables présentées. Il y'a une catégorie qui peut être retenue et jugée ici, mais il y'a une autre qui ne peut être jugée ici. Lorsque la qualité du président de la transition, qui n'est pas président de la République est soulevée, et que l'inconstitutionnalité de la loi organique est soulevée, vous devez statuer sur ce qui relève de vous, mais renvoyer ce qui relève de la cour constitutionnelle. Vous pouvez juger des incompétences, des nullités et des récusations. Si ces nullités sont retenues, la procédure s'arrête là. Qu'il vous plaise annuler entièrement la procédure.

S'agissant de ce qui relève de la cour constitutionnelle, il faille envoyer infailliblement la procédure à la cour constitutionnelle. Donc ordonner un sursis en attendant que la Cour Constitutionnelle ne se prononce sur ce qui est exclusivement de sa compétence. Ceci est de droit.

Remise d'une copie des conclusions sur les exceptions au président de séance par maître DIARRA.

Il a poursuivi en disant : Nous vous remercions ; Que force reste à la loi ; Que nous sortions d'ici grandis par la loi et la justice.

Suspension à 11 heures 56 minutes.
Reprise vers 12 h 35 et début de la délibération.

Fin du délibéré à 15 h 11 (après 2 h 36 minutes) et reprise à 15 h 14 mn.

2- DÉCISIONS :

– Décision de la formation illégale et irrégulière de Conseil de discipline sur les exceptions : En substance :
Le Conseil Supérieur de la Magistrature statuant en matière de conseil de discipline concernant un magistrat du parquet sur les questions préliminaires ;
Reçoit les exceptions d'incompétence comme régulières, les rejette ;
Reçoit les exceptions de nullité comme régulières, les rejette ;
Reçoit les récusations, les rejette ;
Reçoit les questions préjudicielles ; Dit n'y avoir lieu à statuer.

Procureur général : Donc nous allons donner lecture du rapport avant d'observer la pause déjeuner.

<u>Me Boubacar DIARRA</u> : « Monsieur le président, nous prenons acte de votre décision par rapport aux exceptions. Nous estimons avoir droit d'exercer des voies de recours contre cette décision. Par rapport à l'inconstitutionnalité, je regrette que ce soit cette instance qui en juge. Nous estimons qu'ici n'est pas le lieu approprié pour connaître de cela. J'ai déjà consulté mon client, nous allons exercer le recours. Nous ne pouvons pas nous associer aux débats tant que la Cour Constitutionnelle ne soit saisie. Nous demandons la permission de nous retirer. »

Dramane DIARRA : « Comme l'a dit mon conseil, nous pensions que la loi allait être respectée, mais nous constatons qu'il s'agit d'une procédure commanditée. Il n'est pas question que nous nous associons à une mascarade. Nous nous retirons. »

Retrait à 15 h 18.

– Décision sur le fond et le même jour :

Après cette décision inique sur les exceptions soulevées dont certaines ne peuvent être tranchées que par la Cour constitutionnelle, ce Conseil de discipline irrégulier a poursuivi, seul, l'audience.
Ainsi, dans la nuit l'on apprit par les réseaux sociaux que « je suis radié du corps de la magistrature ».

Cet organe inapproprié a démontré, si besoin en était encore, l'instrumentalisation de la justice par le pouvoir politique et dans l'illégalité absolue.
Les voies de recours suivront certainement, y compris la saisine à l'international, s'il le faut. Combattre l'illégalité et l'arbitraire est une lutte inlassable.

- **Décret de révocation en dépit de l'absence d'une décision définitive** :
Après la prononciation de deux décisions (décision sur les exceptions et décision sur le fond) et non pas une sur les faits supposés me concernant par un organe illégal, dont le délai d'appel est de deux (02) mois conformément aux dispositions de l'article 83 du statut de la magistrature, un

décret tout aussi illégal, de même que son auteur, découvert sur les réseaux sociaux le mercredi 4 octobre 2023, prétend me révoquer du corps de la magistrature. Article 83 du Statut de la magistrature : « La sanction du premier degré est constatée par arrêté du ministre chargé de la justice ; celles du second et troisième degré par décret du Président de la République.

La sanction disciplinaire par défaut est notifiée au magistrat intéressé en la forme administrative dans les quinze (15) jours qui suivent le prononcé. Cependant si le magistrat ou son mandataire chez lequel il avait élu domicile, ne peut être touché pour la notification, celle-ci est valablement faite à domicile, à mairie ou à parquet.
Elles ne sont susceptibles de recours que devant la Cour Suprême dans les deux mois à compter de la date de la notification. »

En agissant par abus de droit notoire et en créant un dysfonctionnement de l'appareil judiciaire en notre défaveur, les intéressés exposent les deniers publics à des réparations imparables. Pourvu que l'État exerce son droit récursoire contre eux sur leurs patrimoines individuels.
Le fameux décret suit.

Mme DIARRA
PRESIDENCE DE LA REPUBLIQUE

SECRETARIAT GENERAL

REPUBLIQUE DU MALI
Un Peuple – Un But – Une Foi

DECRET N°2023 - 0579 /PT-RM DU 03 OCT 2023

PORTANT REVOCATION D'UN MAGISTRAT

LE PRESIDENT DE LA TRANSITION, CHEF DE L'ETAT,

Vu la Constitution ;

Vu la Charte de la Transition ;

Vu la Loi n°2022-001 du 25 février 2022 portant révision de la Charte de la Transition ;

Vu la Loi n°02-054 du 16 décembre 2002, modifiée, portant statut de la Magistrature ;

Vu la Loi organique n°03-033 du 07 octobre 2003 fixant l'organisation, la composition, les attributions et le fonctionnement du Conseil supérieur de la Magistrature ;

Vu la Décision n°011/2023-CSM-CD-P du 19 septembre 2023 du Conseil supérieur de la Magistrature,

DECRETE :

Article 1er : Monsieur **Dramane DIARRA**, N°Mle 0111-278.C, Magistrat de premier grade, est révoqué de la Magistrature sans suppression de droit à pension.

Article 2 : Le présent décret sera enregistré et publié au Journal officiel.

Bamako, le 03 OCT 2023

Le Président de la Transition,
Chef de l'Etat,

Colonel Assimi GOITA

BIBLIOGRAPHIE

Frédéric Desportes, Laurence Lazerges-Cousquer. Traité de procédure pénale. ECONOMICA, 49, rue Héricart, 75015 Paris, 2013.

Stéphanie Hennette-Vauchez, Diane Roman. Droits de l'Homme et libertés fondamentales. Dalloz – 2013.

Lexique des termes juridiques. Dalloz- 2013.

Le Grand LAROUSSE Illusré. LAROUSSE-2016.

Code Pénal du Mali (Loi n°01-079 du 20 août 2001 modifiée par la loi n°2005-45 du 18 août 2005 et la loi n°2016-039 du 7 juillet 2016). EUCAP Sahel Mali, 2017.

Code de Procédure Pénale du Mali (Loi n°01-080 du 20 août 2001 modifiée par la loi n°2013-016 du 21 mai 2013. EUCAP Sahel Mali, 2017.

La constitution Malienne du 25 février 1992 (Scrutin référendaire du 12 janvier 1992 promulgation par Décret n°92-073/P-CTSP du 27 février 1992-)

La constitution Malienne du 22 juillet 2023 (Scrutin référendaire du 18 juin 2023, promulgation par Décret n°2023-0401/PT-RM du 22 juillet 2023-journal officiel spécial n°13 du 22 juillet 2023.

Loi n°02-054 du 16 décembre 2002 portant statut de la magistrature et son code de déontologie en annexe.

Loi organique n°03-033 du 7 octobre 2003 fixant l'organisation, la composition, les attributions et le fonctionnement du Conseil Supérieur de la Magistrature.

Avant-projet de loi portant statut de la Magistrature.

La loi Canadienne sur l'emploi et la fonction publique (partie 7, 111 (1).

Constitution Française (article 65).

Ordonnance n°58-1270 du 22 décembre 1958 portant loi organique relative au statut de la magistrature.

Loi organique n°94-100 du 5 février 1994 sur le Conseil Supérieur de la magistrature.

Loi organique n°2001-539 du 25 juillet 2001 relative au statut des magistrats et au Conseil supérieur de la magistrature.

Loi organique n°2007-287 du 5 mars 2007 relative au recrutement, à la formation et à la responsabilité des magistrats.

Loi constitutionnelle n°2008-724 du 23 juillet 2008 de modernisation des institutions de la Vème République.

Loi organique n°2010-830 du 22 juillet 2010 modifiant la loi organique du 5 février 1994.

Loi organique n°2016-1090 du 8 août 2016 relative aux garanties statutaires, aux obligations déontologiques et au recrutement des magistrats ainsi qu'au Conseil supérieur de la magistrature.

Conseil supérieur de la Magistrature en France. Recueil des obligations déontologiques des magistrats, issu de la réforme opérée par la loi organique du 5 mars 2007. Première édition-2010.

Rapport de mission de voyage d'études d'autorités judiciaires du Mali au Sénégal organisée par l'Institut National de Formation Judiciaire « Maître demba DIALLO » et UNITAR du 27 novembre au 3 décembre 2022.

Lien : Relatif au reportage vidéo de l'audience du Président de la Transition avec les membres élus du Conseil supérieur de la magistrature le vendredi 7 avril 2023 :
https://youtube.comwatch?v=TC9vngHdofI&si=MdobMXCr63kboRYq

Nations Unies : Pacte International pour les droits civils et politiques. 1966.

Nations Unies : Pacte International pour les droits économiques sociaux et culturels. 1966.

TABLE DES MATIÈRES

Structures éditoriales du groupe L'Harmattan

L'Harmattan Italie
Via degli Artisti, 15
10124 Torino
harmattan.italia@gmail.com

L'Harmattan Hongrie
Kossuth l. u. 14-16.
1053 Budapest
harmattan@harmattan.hu

L'Harmattan Sénégal
10 VDN en face Mermoz
BP 45034 Dakar-Fann
senharmattan@gmail.com

L'Harmattan Cameroun
TSINGA/FECAFOOT
BP 11486 Yaoundé
inkoukam@gmail.com

L'Harmattan Burkina Faso
Achille Somé – tengnule@hotmail.fr

L'Harmattan Guinée
Almamya, rue KA 028 OKB Agency
BP 3470 Conakry
harmattanguinee@yahoo.fr

L'Harmattan RDC
185, avenue Nyangwe
Commune de Lingwala – Kinshasa
matangilamusadila@yahoo.fr

L'Harmattan Congo
219, avenue Nelson Mandela
BP 2874 Brazzaville
harmattan.congo@yahoo.fr

L'Harmattan Mali
ACI 2000 - Immeuble Mgr Jean Marie Cisse
Bureau 10
BP 145 Bamako-Mali
mali@harmattan.fr

L'Harmattan Togo
Djidjole – Lomé
Maison Amela
face EPP BATOME
ddamela@aol.com

L'Harmattan Côte d'Ivoire
Résidence Karl – Cité des Arts
Abidjan-Cocody
03 BP 1588 Abidjan
espace_harmattan.ci@hotmail.fr

Nos librairies en France

Librairie internationale
16, rue des Écoles
75005 Paris
librairie.internationale@harmattan.fr
01 40 46 79 11
www.librairieharmattan.com

Librairie des savoirs
21, rue des Écoles
75005 Paris
librairie.sh@harmattan.fr
01 46 34 13 71
www.librairieharmattansh.com

Librairie Le Lucernaire
53, rue Notre-Dame-des-Champs
75006 Paris
librairie@lucernaire.fr
01 42 22 67 13

www.ingramcontent.com/pod-product-compliance
Lightning Source LLC
LaVergne TN
LVHW051408061026
849535LV00009B/3432
* 9 7 8 2 3 3 6 4 2 7 9 9 7 *